CONTAR HISTÓRIAS
COM MAESTRIA

Dados Internacionais de Catalogação na Publicação (CIP)
(Câmara Brasileira do Livro, SP, Brasil)

Moraes, Fabiano
　Contar histórias com maestria : técnicas e vivências / Fabiano Moraes. – Petrópolis, RJ : Vozes, 2022.

　Bibliografia.
　ISBN 978-65-5713-497-9

　1. Arte de contar histórias 2. Contadores de histórias 3. Narrativa (Retórica) I. Título.

21-87457   CDD-808.543

Índices para catálogo sistemático:
1. Arte de contar histórias : Literatura   808.543

Cibele Maria Dias – Bibliotecária – CRB-8/9427

Fabiano Moraes

CONTAR HISTÓRIAS COM MAESTRIA

TÉCNICAS E VIVÊNCIAS

EDITORA VOZES

Petrópolis

© 2022, Editora Vozes Ltda.
Rua Frei Luís, 100
25689-900 Petrópolis, RJ
www.vozes.com.br
Brasil

Todos os direitos reservados. Nenhuma parte desta obra poderá ser reproduzida ou transmitida por qualquer forma e/ou quaisquer meios (eletrônico ou mecânico, incluindo fotocópia e gravação) ou arquivada em qualquer sistema ou banco de dados sem permissão escrita da editora.

CONSELHO EDITORIAL

Diretor
Gilberto Gonçalves Garcia

Editores
Aline dos Santos Carneiro
Edrian Josué Pasini
Marilac Loraine Oleniki
Welder Lancieri Marchini

Conselheiros
Francisco Morás
Ludovico Garmus
Teobaldo Heidemann
Volney J. Berkenbrock

Secretário executivo
Leonardo A.R.T. dos Santos

Editoração: Maria da Conceição B. de Sousa
Diagramação: Sheilandre Desenv. Gráfico
Revisão gráfica: Alessandra Karl
Capa: Érico Lebedenco

ISBN 978-65-5713-497-9

Este livro foi composto e impresso pela Editora Vozes Ltda.

Dedicatória

A Yedda Moraes, minha mãe querida, com quem aprendi a sonhar histórias.

Sumário

Tiro o chapéu e me apresento, 9

Parte 1 Por onde começar, 17

1 Respiração, escuta e percepção, 19
2 Respirar, escutar e perceber: três vivências, 22
3 A importância do olhar, 28
4 Contar histórias: entre o eu que conta e o outro que escuta, 31
5 Sentidos e sensações: a construção dos ambientes da história, 35
6 Entre sentidos, sensações, voz, sons e gestos: mais três vivências, 38
7 Assumindo os sentimentos, 41
8 Entrar e sair dos sentimentos: entrar e sair das personagens, 44
9 Eliminar vícios gestuais e de fala para contar melhor, 48
10 Ser ou estar, eis a questão: a transitoriedade das personagens, 55
11 Reinventar significados para usar objetos na hora de contar, 57

Parte 2 Preparar voz e corpo, 65

1 Errar é humano, 68
2 O modo como se diz: andamento e intensidade da voz, 70
3 Mais de andamento e intensidade: duas vivências, 75
4 Altura, qualidade de voz e mais uma vivência, 77
5 O silêncio, 82
6 Projeção, 87
7 Clareza, 91
8 Expressividade, 94
9 Entoação, 96
10 Ritmos e figuras sonoras, 100
11 Presente, 104

Referências, 105

Tiro o chapéu e me apresento

Reconhecer as tantas identidades que assumimos no decorrer da vida requer paciência, perseverança e uma dose de bom humor. Eu poderia começar este livro com minha breve apresentação, traçando algumas destas identidades, mas prefiro começar com um conto. No entanto, antes de desfiar a nossa primeira história, por meio da qual me apresento, gostaria de contar como este livro nasceu.

Nos dias 27, 28 e 29 de agosto de 2002 ministrei a minha primeira oficina sobre a arte de contar histórias em Vitória, no Espírito Santo, intitulada *Contando com arte*. Na ocasião, fechamos duas turmas, uma no horário matutino e outra no vespertino, com mais de cem alunos cada. Ao término das aulas da turma do horário matutino, os mais de cem alunos me lançaram um desafio, reiterado pelos alunos do período da tarde: planejar, elaborar e realizar um curso sobre a arte de contar histórias com duração de um ano na Grande Vitória, suprindo assim a carência local de formação na área.

Aceitei prontamente o desafio e me empenhei durante todo aquele semestre na elaboração do curso, rememorando o tanto que aprendi em minha infância e adolescência acerca das tradições e da sabedoria das histórias junto ao meu grande mestre de vida, Aroldo Silva; aprimorando e desenvolvendo as técnicas aprendidas nos quatro meses do curso *Cantar e contar histórias* (1997), ministrado por Bia Bedran na Uerj; e revisitando as anotações e as gravações de histórias coletadas nas viagens por mim realizadas no primeiro semestre de 2002 pela região serrana e pelo litoral norte do Espírito Santo junto a agricultores, indígenas, carebeiros, quilombolas, rendeiras, pescadores, catadores de caranguejo, boiadeiros, mestres de congo. Também li toda a bibliografia até então existente na área e outros tantos livros correlatos, busquei cursos, oficinas e eventos em outros estados, pesquisei contos e histórias da tradição oral e da literatura infantil, assim como livros teóricos sobre esses temas.

Consolidando a realização do desafio a mim lançado, ministrei o curso *Contando com arte* em Vitória, Espírito Santo, por cinco anos ininterruptos a partir de 2003. Com oito meses de duração e dois módulos de 32 horas cada, o curso foi ministrado para centenas de pessoas nas 15 turmas formadas[1]. A metodologia era proposta de modo a

---

1 No ano de 2008 formei ainda duas outras turmas no Curso de Capacitação *Um novo olhar sobre a arte de contar histórias*, ministrado na Samar Consultoria.

mesclar, de maneira lúdica e didática, fundamentação teórica e vivências práticas. Uma parte do curso foi registrada no livro *Contar histórias: a arte de brincar com as palavras*, publicado pela Editora Vozes (MORAES, 2012).

Além das abordagens presentes nesse primeiro livro[2], as vivências realizadas de modo progressivo também abrangiam temas como: expectativas do narrador; lidando com a crítica; a sabedoria nos contos; a criação mental das imagens narradas; os sentimentos e a alteridade na arte de narrar; constituição e compreensão das personagens; técnicas vocais e corporais, recursos para contar histórias, preparação da sessão de histórias, construção de repertório. Algumas dessas abordagens, vivências, histórias e tradições propostas no curso serão desfiadas neste livro.

Na primeira aula do curso, após a apresentação individual feita por meio de uma brincadeira com uma parlenda: "Fabiano-ano Ducatiribano Salamacutano Fifirififano" (MORAES, 2012, p. 10), tendo a clara intenção de quebrar o protocolo de racionalidade que nos envolve, eu dispensava qualquer apresentação formal ou curricular de minha parte e optava por me apresentar por meio de uma

---

2 As temáticas do curso relacionadas ao aspecto lúdico da arte de contar histórias, envolvendo memorização e criatividade na adaptação livre de histórias, foram publicadas no livro *Contar histórias: a arte de brincar com as palavras*, pela Editora Vozes (MORAES, 2012).

história. Entre as tantas histórias que aprecio contar, escolhi para iniciar o curso (e este livro) um *causo* ficcionalmente acontecido, uma das minhas autobiografias populares:

Final feliz
O sujeito viajava de uma cidade a outra, até que em um desses lugarejos distantes, sentindo fome, foi ao único restaurante da região. Lugar simples. Mesas de madeira. Toalhas de chita. Comida caseira. Mas o mais importante: comida gostosa.

O moço sentou-se diante de uma das mesas e esperou um pouco, até que foi atendido por uma moça bonita e simpática, que lhe entregou o cardápio. Ele verificou as poucas opções e logo escolheu:
– Filé, farofa, feijão, fritas e frango.
– E para beber, o que o senhor vai querer?
– Fanta, faz favor!

A moça tomou nota, foi até a cozinha, e logo em seguida retornou trazendo prato, copo, garfo, colher e guardanapo. Ele conferiu, olhou para ela e avisou:
– Falta faca!
– É mesmo, meu senhor! Desculpe-me!

Ela foi novamente à cozinha e regressou trazendo a faca, servindo, logo em seguida, a refeição completa. Com fome, ele se pôs a comer.

Quando o homem terminou a refeição, a garçonete voltou à mesa e perguntou:

– E então, o que o senhor achou da comida?
Ele fez uma cara de satisfação e respondeu:
– Fabulosa! Fantástica!
– Nós também servimos sobremesa. O que o senhor gosta de comer depois do almoço?
– Frutas.
– Pois bem, nós temos salada de frutas, doce de mamão, doce de figo, doce de banana.
– Figo, filha, faz fineza!
A moça trouxe o doce e ele gostou tanto que, depois de comer o figo, tomou toda a calda. Ela retornou e perguntou:
– E o que o senhor achou do nosso doce?
– Fenomenal! Formidável!
A moça já tinha observado o estranho fato de que, até então, todas as palavras que aquele homem havia pronunciado começavam com a letra "F". Não aguentando mais de curiosidade, ela perguntou:
– O senhor me desculpe, mas eu percebi que todas as palavras que o senhor falou começam com "F". Qual é o nome do senhor?
– Francisco Ferreira Fagundes Filho.
– Nossa! E o senhor é o quê?
– Ferreiro, filha!
– Ferreiro? Que impressionante! Mas o que o senhor faz como ferreiro?
– Faço faca, facão, ferrolho. Fabrico ferradura, foice.

– *Puxa! E de onde o senhor vem?*
– *Franca.*
– *Nossa! Eu estou tão admirada que vou trazer um café para o senhor. E é por conta da casa, viu?*
– *Faz favor!*
A moça trouxe o café. Serviu.
Ele levou a xícara à boca, bebeu e engoliu forçado. Ela notou e perguntou:
– *O senhor não gostou do nosso café, não é mesmo?!*
Ele fez que não, respondendo:
– *Fraco... frio...*
– *E como é que o senhor gosta?*
– *Forte! Fervendo!*
A garçonete trouxe um novo café, desta vez forte e fervendo. O homem bebeu contente.
A moça então, encantada que estava com aquele tipo curioso, propôs-lhe um desafio:
– *Olhe, se o senhor me disser uma frase com cinco palavras começadas com a letra "F" nem precisa pagar a conta, viu?*
Ele olhou pra ela, deu uma piscada de olho, e disse:
– *Fazendo fiado, fico freguês, formosa flor!*
Ela sorriu, agradeceu e se despediu enquanto caminhava meio encabulada em direção à cozinha, quando ele deu aquela olhada e fez:
– *Fiu-fiu!*

Pois esta história aconteceu. O moço do restaurante era o meu pai. Por essa razão meu nome é Fabiano.

Já o sobrenome Moraes vem da parte de minha mãe: a garçonete.

PARTE 1
POR ONDE COMEÇAR

É comum termos expectativas ao entrarmos em novas situações que a vida nos oferece, como um novo curso, um novo grupo, um novo livro, um novo trabalho. Traçamos nossas expectativas e pronto: "eu gostaria muito que fosse assim"; "eu quero isso e aquilo"; "eu espero que aconteça desse jeito. O que somos levados a acreditar que gostamos, queremos ou esperamos dá forma às nossas expectativas, e esse foco nos cega para as outras possibilidades, sem contar que diariamente somos estimulados a gostar, a querer, a esperar e a criar mais e mais expectativas.

Quando as coisas não saem como gostamos, queremos ou esperamos, surge a aversão: "não gostei"; ou mesmo: "detesto quando isso acontece". Mas, mesmo quando as coisas aparentemente estão ocorrendo como gostaríamos, queríamos ou esperávamos que acontecessem, deparamo-nos com um risco, o risco de que por algum motivo as coisas deixem de ser como gostaríamos que fossem. Surge o medo.

A expectativa e o medo são dois enormes obstáculos no caminho do contador de histórias. Trataremos desses temas no decorrer deste livro, principalmente pelo fato de que ambos costumam dificultar nossa convivência com a crítica. O excesso de expectativa, de medo e de autocrítica gera protelação, enquanto sua ausência pode levar a uma produção displicente e sem critérios mínimos de qualidade (NACHMANOVITCH, 1993).

Portanto, se o nosso intuito é trabalhar com o medo que nasce das expectativas, podemos começar observando como lidamos ao nos depararmos com situações novas. Sugerimos que o leitor, ao invés de se perguntar ao iniciar este livro: "como eu gostaria que fosse ou como eu quero que seja este livro?", pergunte a si mesmo: "que buscas e histórias de vida me trouxeram até aqui, até este exato momento, até a leitura deste livro?"

A identificação dessas buscas nos conduz ao reconhecimento da nossa história, que desemboca inevitavelmente neste momento que vivemos agora. Procure traçar sua trajetória até o presente momento. Que buscas te conduziram aos caminhos que desaguam na leitura deste livro?

O certo é que você está aqui, neste momento, com a sua história de vida; portanto, pronto para prosseguir. Então, para iniciarmos a nossa caminhada é necessário um primeiro passo.

Poderíamos nos perguntar: "por onde começar?"

Há um dito oriental que diz mais ou menos assim:
Quero mudar o mundo. Mas o mundo é muito grande!
Posso começar pelo meu país. Mas o meu país é enorme!
Talvez pelo meu estado. Mas são tantas as cidades!
Já sei: pela minha cidade. Mas nela há tantas ruas!
Vou começar pela minha rua. Mas na rua há muitas casas!
Quem sabe pela minha casa!? Mas nela há varias pessoas!
Então... vou começar por mim.

1 Respiração, escuta e percepção

Contar histórias é estar com o outro em um momento de partilha. É compartilhar.

Ao estarmos com o outro, estamos em um dado ambiente, em um dado espaço. Atentarmos a esse espaço, à sua paisagem visual e à sua paisagem sonora é essencial.

No momento em que estamos com o outro em uma paisagem visual, passamos a compor essa paisagem. Somos vistos pelo outro como parte dessa paisagem. Nossos passos, nossos movimentos, nossos gestos passam a constituir a paisagem visual contemplada por quem nos escuta e assiste. Do mesmo modo, aqueles que nos escutam e assistem fazem parte da paisagem visual que vemos ao contar a nossa história.

Do mesmo modo, ao nos fazermos presentes nesse espaço, passamos a compor, mesmo com os sons e ritmos mais sutis do nosso corpo, a paisagem sonora desse espaço. Compomos, por meio dos sons que produzimos (nossa suave respiração, nosso sutil batimento cardíaco, nossos risos, nossa voz, nossos passos etc.) a paisagem sonora dos nossos ouvintes do mesmo modo como os sons e ritmos dos nossos ouvintes, da nossa própria voz e do nosso corpo (que precisam ser escutados atentamente também por nós enquanto contamos) compõem a nossa paisagem sonora.

Se para o ouvinte, olhar, escutar e perceber o ambiente são atividades necessárias para que ele se faça inteiro diante de uma história contada, para o contador de histórias não poderia ser diferente. Em outras palavras, estar inteiro por meio da escuta, do olhar e da percepção do ambiente é essencial não apenas para o ouvinte (como o próprio nome pressupõe), mas também para quem narra.

O narrador que não escuta a sua própria história, que não percebe cada palavra dita por si mesmo, que não sente cada movimento e expressão, que não está presente de todo no momento de contar, corre o risco de não se lembrar do que fez, de não ter consciência do seu próprio ato de narrar.

No momento histórico atual transitamos entre tantas atividades a cada momento, fazemos tantas coisas ao mesmo tempo, que dar plena atenção ao que se faz parece requerer um esforço cada vez maior. Estar inteiro no que se faz consiste em ler enquanto se está lendo, escutar enquanto se está escutando, dançar enquanto se está dançando, contar enquanto se está contando. Lembrando que cada uma dessas atividades é composta por inúmeras ações concomitantes e indissociáveis.

A arte de contar histórias, por exemplo, além de ser composta por ações simultâneas, pode ainda envolver várias artes. O desenvolvimento e o preparo para contar histórias exigem, grande parte das vezes, estudos e práticas dessas ações concomitantes e, algumas vezes, de artes das mais distintas. Portanto, o contar enquanto se está contando abrangerá minimamente: contar expressando-se por meio do olhar, das palavras e dos movimentos e lançando mão dos aspectos musicais da voz e do corpo, escutar e escutar-se, perceber o ambiente, os ouvintes e a si próprio (além de estar atento a eventuais artes circenses, musicais, teatrais que, por sua vez, subdividem-se em outras ações simultâneas e que também podem compor com a arte de narrar, somando outras ações às anteriormente enumeradas); tudo isso ao mesmo tempo, enquanto se está contando.

Algumas vivências podem auxiliar na concentração necessária para contar. O empenho e exercício da concentração e da atenção são imprescindíveis. É preciso estar atento ao ambiente, ao outro; mas, antes de tudo, a si mesmo: *Vou começar por mim.*

Então, vamos começar?

2 Respirar, escutar e perceber: três vivências

Sentar e escutar

Onde quer que estejamos, captamos pelos olhos a paisagem visual dos lugares por onde passamos e construímos mentalmente nossa leitura dessa paisagem, da qual nos tornamos parte enquanto nela estamos. Vale lembrar que uma paisagem, nessa acepção, não é necessariamente uma imagem agradável aos olhos, mas a totalidade de estímulos visuais que podemos perceber em dada situação.

Se por meio da visão percebemos a paisagem visual, por intermédio da audição percebemos o conjunto de sons do ambiente em que estamos; ou seja, a *paisagem sonora*, como conceitua Schafer (2003).

Busque identificar em sua memória as diferenças entre as paisagens sonoras de uma avenida movimentada, de uma escola no horário do intervalo, de uma fazenda, de uma biblioteca e de um estádio de futebol lotado.

Agora traga à sua mente, por meio da lembrança, as paisagens sonoras com que você convive no seu dia a dia, como: o seu quarto à noite e pela manhã, a cozinha de sua casa, as ruas por onde transita, seu trabalho, um restaurante.

Nos cursos eu propunha a seguinte vivência: sentado, busque uma posição em que a sua coluna fique ereta. Imagine como se uma linha imaginária puxasse para cima um fio de cabelo do topo de sua cabeça. Então permaneça em silêncio. E em meio ao seu silêncio, ainda de olhos abertos, perceba os sons que lhe chegam aos ouvidos: um barulho de porta, passos, pássaros, carros, buzinas, vozes, espirros, conversas. Essa é a sua paisagem sonora. Concentre-se nela e perceba cada som do ambiente. Depois, feche os olhos e busque percebê-la como um grande conjunto de sons inseparáveis uns dos outros, como se todos compusessem uma única música orquestrada.

Nós também somos parte das paisagens sonoras que percebemos. Não há uma separação, a não ser a que criamos com o surgimento da nossa individualidade, quando nos identificamos como separados do mundo e passamos a ser *sujeito* enquanto tudo o mais se torna *objeto* em relação à nossa noção de individualidade. Pois se por um lado alteramos a paisagem sonora com os sons do nosso corpo: fala, espirro, ronco, palmas; por outro lado os sons do ambiente nos provocam reações corporais, emocionais e mentais. Basta imaginarmos o som de tiros ou de uma enorme confusão para lembrarmos o quanto o batimento cardíaco e a respiração se alteram, de acordo com o conjunto de sons que nos cerca.

Nosso ritmo corporal interno pode acelerar em uma avenida com trânsito engarrafado, em uma festa, em um *show* ou mesmo em casa enquanto escutamos uma música com andamento mais rápido e em *volume alto*. Por outro lado, diante da paisagem sonora de uma casa de interior com galo cantando, galinhas, vacas e pássaros, as batidas do coração e os movimentos respiratórios tendem a diminuir seu andamento em grande parte das pessoas. Isso também costuma acontecer quando estamos numa praia sossegada, nas montanhas, em um jardim, nos campos e em lugares que, por essa razão, consideramos tranquilos.

Os movimentos cardíacos e respiratórios marcam o andamento da nossa música interior. Por onde formos enquanto estivermos vivos, estes sons, que geralmente passam despercebidos no dia a dia, estão presentes compondo a nossa paisagem sonora.

Retornando à prática de percepção, você pode fechar os olhos e atentar para o ritmo da sua respiração e do coração. Pode, inclusive, caso considere necessário, levar a mão ao peito para sentir o seu coração e a sua respiração.

Essa contemplação silenciosa das reações do nosso corpo aos sons é um primeiro passo para percebermos as ações da nossa fala quando contamos histórias, bem como as reações que ela produz em nós mesmos e nas pessoas que nos escutam.

Expirar e esvaziar
Inspire e expire bem lentamente.

Agora que você pode perceber a respiração como parte da sua paisagem sonora; concentre-se em sua expiração e tente, aos poucos, fazer com que ela se torne cada vez mais longa e lenta. Se você, no início, expira contando até cinco, aumente gradativamente o tempo de contagem, soltando o ar sem forçar, de maneira que ainda assim continue sendo uma prática confortável.

A cada vez que inspirar, mantendo os olhos fechados, sinta como se você se expandisse cada vez mais até englobar todos os sons, todas as coisas, todo o mundo. Depois expire bem lentamente e sinta-se diminuindo, diminuindo, como se todos os sons, todas as coisas, todo o mundo, ocupassem o seu lugar e você desaparecesse nessa entrega, nesse esvaziamento.

A compreensão desse processo é fundamental para entendermos a fala como um ato de esvaziamento e entrega por meio do qual as vozes, as tradições e as experiências de pessoas que nos antecederam e de nossos ancestrais se expressam. Quando falamos, podemos, pois, deixar de lado a ênfase nas nossas identidades e na nossa noção de individualidade para darmos lugar à palavra, à história, à tradição, à experiência.

A cada expiração comande silenciosamente ao corpo: "relaxe!" Inspire, depois solte, comandando: "relaxe!" Inspire! Depois solte e relaxe! Ao relaxar, esvazie-se de suas tensões e, solte o corpo, aos poucos, a cada expiração, começando pelos pés, depois as pernas, o quadril, as costas, a barriga, o peito, os ombros, os braços, as mãos, muito lentamente, até chegar à cabeça. Relaxe então a face, o couro cabeludo, a nuca. Acalme a sua mente. Tudo isso aos poucos e sem pressa. Então observe, apenas observe, que os seus pensamentos vagueiam na sua mente como as nuvens vagueiam no céu, uns passam rapidamente sem deixar rastro, alguns parecem leves feito algodão, outros parecem formar verdadeiras tempestades.

Procure, aos poucos, atentar para o processo de mudança de pensamentos, tentando identificar os curtos e quase imperceptíveis intervalos entre cada pensamento distinto. Procure perceber também a variação de emoções e sentimentos no decorrer de toda essa prática.

Por fim, abra os olhos, aos poucos, mantendo-se receptivo às percepções visuais e sonoras do seu corpo e do ambiente.

Percepção do ambiente

Levante-se, ainda em silêncio, e caminhe pelo ambiente em que você está. Observe com atenção se a maneira como você pisa oferece equilíbrio ao seu corpo. Continue percebendo os sons do ambiente como inseparáveis de você.

Caminhe pela sala lentamente, muito lentamente, dando um passo lento a cada expiração. Esvazie-se a cada vez que solta o ar e se entregue à ação de caminhar. Busque fazer-se presente em cada ação, em cada movimento. Procure focar o que está fazendo, contemplando: os finos movimentos musculares associados ao seu deslocamento; a entrada e a saída de ar pelas vias respiratórias; os batimentos cardíacos distribuindo pelo seu corpo o oxigênio (nosso alimento mais precioso); a paisagem sonora de que faz parte; e, é claro, a sua mente.

Observe também a paisagem visual composta pelas cores do ambiente, pelas linhas, formas, luzes e sombras. Procure olhar para os objetos como se fosse pela primeira e última vez, por mais que lhes sejam familiares, experienciando cada momento como único.

Nessa vivência, aproveite para perceber seus movimentos e gestos. Busque se expressar por meio de gestos enquanto caminha. Modifique, algumas vezes, o modo de caminhar. Observe como ao caminharmos de modos diferentes construímos novos padrões de comportamento. Caminhe de modo decidido, depois de modo relaxado, depois lentamente e com calma, depois rapidamente e com pressa. Procure caminhar como uma bruxa caminharia, como um rei, como um sábio, como uma criança, como quantas personagens você quiser. Ao caminhar como essas personagens, procure criar gestos em consonância com elas.

Por fim, pare, feche os olhos, leve as mãos ao coração e descanse a mente.

3 A importância do olhar

Para favorecer a compreensão da profundidade da comunicação por meio do olhar sugiro uma proposta de diferenciação e definição, em poucas linhas, dos atos de ver, enxergar e olhar.

Em nossa concepção, ver será definido como captar por meio dos órgãos do sentido da visão o espectro de ondas eletromagnéticas perceptível a nós, humanos, distinguindo linhas e cores.

O ato de enxergar vai para além do que captamos pelos órgãos da visão. Podemos ver uma cena e não enxergar determinados aspectos do que ocorreu. Uma pessoa que não dispõe da visão pode enxergar determinadas nuanças de um fato com muito maior clareza do que alguém que o tenha visto. Enxergar envolve outras esferas dos sentidos, bem como aquilo que percebemos e aquilo por que nos deixamos afetar.

Olhar, por sua vez, é interagir. Por meio do olhar abrimo-nos ao mundo, ofertamo-nos e, ao mesmo tempo, tomamos o que é ofertado ao nosso olhar.

Os objetos e seres que olhamos podem ser experienciados como um fenômeno único, indissociável do nosso olhar e de nós mesmos, já que às linhas e cores que vemos imprimimos significados impregnados de percepção e de experiências prévias, efetivando com o mundo uma interação afetiva e perceptiva. A experiência do olhar é, portanto, não apenas ver ou enxergar, mas também perceber e nos permitirmos afetar por aquilo que, de fato, nos passa (o que não somente passa por nós, mas o que nos passa), como tão bem nos sugere Larrosa (2004; 2009). Com base no mesmo autor, poderíamos complementar dizendo que a experiência do olhar requer que corramos o risco de ir ao encontro do outro, de estar com o outro. Querendo ou não, estamos naquilo em que pousamos o olhar, assim como o que olhamos está em nós.

Em nossa cultura não somos encorajados a compartilhar o olhar. Temos medo de que o outro nos acesse por meio da *janela da alma*, temos receio dos julgamentos das pessoas aos olharmos nos seus olhos. Por esse motivo, olhar nos olhos pode ser mais difícil para algumas pessoas do que para outras. A dificuldade, muitas vezes fruto do medo do outro, pode ser superada com a prática de olhar. Podemos começar praticando com alguém em quem confiamos, com um amigo ou colega.

Na primeira aula do curso propus, por muitas vezes, a formação de duplas. As pessoas, sentadas em almofadas e de frente umas para as outras, buscavam permanecer em silêncio. Então, cada uma buscava nos olhos da outra uma luz, um brilho. Todos nós temos um brilho no olhar, ainda que seja o mínimo reflexo de uma única vela acesa numa sala escura.

Tente praticar essa vivência com outra pessoa. Comece identificando a luz no olhar do outro, reconhecendo que esse brilho existe em todos os olhares, inclusive no seu olhar. Pode ser que dê vontade de falar para quebrar o silêncio avassalador que contrasta com o vasto canal de comunicação oferecido pelo olhar. Evite verbalizar a elaboração de pensamentos. Caso dê vontade de rir, ria. Se preciso, desvie o olhar; depois volte. Ao contarmos histórias buscaremos realizar constantemente esta prática de buscar o brilho nos olhos daqueles que nos escutam. Costumo chamar de estrelas do olhar esses pontos luminosos que encontramos enquanto compartilhamos nossas histórias.

Em um segundo momento, ainda olhando nos olhos da pessoa que está à sua frente, veja a sua própria imagem no belo espelho convexo que é o olhar do outro: você pode se ver no olhar do outro, pois você está no olhar do outro. Da mesma forma, o outro está no seu olhar. Tudo aquilo que você olha está no seu olhar. Perceba o quanto você mesmo, o outro e o próprio ato de olhar são inseparáveis. Tal como dois espelhos dispostos frente a frente, ao interagirmos por meio do olhar lançamo-nos ao infinito.

O medo de compartilhar o olhar se esvai por meio da perseverança nessa prática. Adquirimos mais confiança no outro e em nós mesmos quando nos encontramos e nos olhamos, quando nos permitimos nos deixar afetar, vivenciar a experiência, ir ao encontro do outro, interagir e narrar por meio do olhar.

4 Contar histórias: entre o eu que conta e o outro que escuta

Quando contamos histórias, a aparente distância entre o eu que conta e o outro que escuta parece, em alguns momentos, esvair-se. Diante de uma história bem contada, narrador e ouvinte muitas vezes fundem-se em meio ao universo ficcional constituído a ponto do lugar-momento de contar, tempo-espaço da enunciação, ganhar uma dimensão em que o tempo deixa de ser apenas o cronológico e o espaço deixa de ser apenas o palpável.

Sem o outro, o ouvinte, não há interação de olhares, não há partilha de palavras, não há, no sentido mais amplo da interação que envolve o termo, possibilidade de se contar histórias.

Então, no momento de contar, de interação por meio dessa arte, até onde vai o eu? E até onde vai o outro? Proponho uma reflexão acerca dessa aparente separação para compreendermos de que modo tudo começou e para entendermos de que maneira os sentidos nos permitem tanto perceber o mundo como construir representações desse mundo em nossa mente. Representações que serão evocadas ao contarmos histórias, e que nos ajudarão a evocar sensações no outro por meio das histórias contadas.

Tente, agora, onde você estiver, inspirar e reter o ar nos pulmões. Você pode ficar bastante tempo prendendo a respiração, mas logo irá se cansar. Expire sentindo o ar quente que sai do seu corpo. Inspire e expire, concentrando-se nas incontáveis moléculas que entram e saem. Algumas delas serão levadas dos pulmões à circulação sanguínea e possibilitarão, dentro de poucos instantes, que os seus olhos continuem a se movimentar pelas linhas desta página, que o seu cérebro prossiga no comando das suas diversas funções corporais, dentre outros tantos atos fisiológicos, todos dependentes da respiração celular.

O ar que sai carrega consigo moléculas que fizeram parte do seu corpo. Alguns átomos dessas moléculas expiradas com o ar estiveram nos grãos de arroz ou no suco de laranja com que você se alimentou. Alguns átomos de carbono das moléculas de glicose do milho cozido que você comeu domingo na praia podem sair do seu corpo por meio da respiração sob a forma de dióxido de carbono. Do mesmo modo, alguns átomos das moléculas de água que sustentam seu corpo já estiveram nas nuvens, nos rios, no corpo de um grilo, na cauda de um dinossauro, na folha de uma árvore, no suor e nas lágrimas de muitos outros seres. Mesmo compreendendo o quanto essa dança de massa e energia nos molda e se desfaz a cada instante, continuamos nos referindo às moléculas que estão no nosso corpo como parte do nosso "eu", e àquelas que não compõem o nosso corpo como "não eu", o "outro" ou o "resto do mundo".

Outro exemplo claro se dá ao observarmos um copo de água à nossa frente. Mesmo que tenhamos comprado um copo de água mineral na padaria e digamos: "a água é minha", temos plena consciência de que ela está separada de nós e de que não faz parte do nosso corpo. Ela é a água, o objeto, e eu sou o sujeito. Depois que bebemos todo o conteúdo do copo, alguém nos pergunta: "o que aconteceu com a água que estava aqui?" Respondemos: "acabou". É como se ela tivesse sumido, deixado de ser água para tornar-se parte do nosso ser. Metabolismos à parte, a água sai do nosso corpo predominantemente por meio do suor, da saliva e da urina. Mas, mesmo estes últimos, antes de serem eliminados, ainda são parte de nós, queiramos ou não, embora depois de sair se tornem algo tão separado e alheio ao nosso corpo, que faremos o possível para nos distanciarmos e nos livrarmos deles. O mesmo ocorre com o que comemos.

Nas nossas relações com pessoas, com objetos, com pensamentos, com sensações e com sentimentos, experimentamos uma noção de separação semelhante à descrita anteriormente. Ignoramos o quanto essa separação existe principalmente na nossa mente que, aos poucos, consolida a noção de individualidade por meio dos processos discursivos de subjetivação.

Entendermos a constituição desses processos discursivos nos conduzirá à compreensão de que a nossa forma, as nossas vontades, os nossos sentimentos, a nossa percepção e a nossa consciência não existem como algo independente e separado do mundo à nossa volta.

Tudo começa com a consolidação da nossa noção de individualidade. Quando pequenos, em algum momento da vida, nos descobrimos e nos aprendemos separados de tudo aquilo que passamos a chamar de outro. Se dentro do útero da nossa mãe aparentemente não temos noção de que somos separados do ambiente acolhedor que nos envolve e acolhe; depois que somos dados à luz notamos que a fonte de calor e comida se afasta, e o seu afastamento ou a sua ausência nos traz sensações corporais como fome, sede e frio. Como nos faltam, essas fontes passam a ser percebidas como externas. As reações à sua ausência são os nossos movimentos limitados e o som mais estridente que pudermos emitir; geralmente na forma de choro. E na maior parte das vezes que choramos a comida e o calor nos chegam. Doravante, nossas sensações e sentimentos dependerão de causas reconhecidas como externas.

O problema é que, a partir de então, passamos a depender cada vez mais dessas causas externas não apenas para nos sentirmos satisfeitos fisiologicamente, mas também para nos satisfazermos emocionalmente. Definimos e acreditamos que essas supostas fontes externas são a causa de nossa felicidade ou de nossa infelicidade. Para compreendermos melhor como se dá esta cisão, e dessa maneira aprendermos a lidar com os nossos medos e expectativas, assim como com o outro e a crítica, buscaremos entender de que modo os sentidos e sentimentos nos constituem e estão presentes nas palavras que escutamos e que proferimos.

5 Sentidos e sensações: a construção dos ambientes da história

É comum concebermos como real tudo o que captamos do mundo por meio dos órgãos dos sentidos.

Respire profunda e lentamente, relaxando a cada expiração. Imagine-se, então, em uma casa de campo com varanda. Sinta-se deitado numa rede aconchegante na varanda. Você vê de um lado a parede da casa com uma janela aberta, de outro as árvores que fazem sombra no terreno, as flores de diversas cores, o céu azul com nuvens desfiadas. O Sol aquece os seus pés, enquanto a brisa da tarde acaricia sua pele, carrega as folhas e traz da cozinha o cheiro de café da roça passado no coador e feito no fogão à lenha. Os pássaros cantam, o cachorro late, as galinhas cacarejam e uma vaca ou outra solta o seu mugido distante. Você leva à boca um pedaço de broa de milho e mastiga, sentindo o seu sabor. Depois experimenta o café.

Agora que leu o parágrafo acima, feche os olhos e imagine-se nesse lugar, percebendo as formas, cores, sons, cheiros, sabores e sensações táteis sugeridos. Depois abra os olhos e verifique que você continua no mesmo lugar em que estava e que nenhuma dessas sensações foi produzida por fenômenos concretos.

A criação mental de fenômenos e sensações a partir das nossas experiências precedentes pode revelar a mente como uma coprodutora de sensações similares às percebidas pelos nossos sentidos. Observe de que modo até mesmo a leitura da descrição acima pode ter desencadeado em você uma série de sensações em nível mental, embora nenhum desses elementos dos sentidos (imagens, sons, cheiros, sabores e percepções táteis) tenha sido real.

Estas sensações, suscitadas por palavras, também são evocadas pelos nossos pensamentos por meio das tantas lembranças, emoções, preocupações, medos e especulações que pululam em nossa mente. Com os nossos pensamentos podemos criar tanto o melhor dos mundos como o pior deles. Cabe a cada um escolher o nível de pensamento que irá compor a sua própria paisagem mental.

Contar histórias é também evocar sensações por meio da criação de imagens e de paisagens mentais. A fala é, grande parte das vezes, a expressão verbal do que projetamos em nossa tela mental. Essa mesma fala é também a nossa expiração, efetivando o ato de esvaziamento dos pulmões. A partilha dos sons da fala emitidos com o ar que exalamos permite a expressão de sensações, de paisagens mentais e de universos ficcionais. A compreensão e a vivência desses processos são de suma importância para o contador de histórias.

A palavra falada traduz, portanto, sensações evocadas mentalmente, similares àquelas produzidas pelos sentidos, e as oferta ao ar, movendo as moléculas, até o momento em que a sua energia de propagação se exaure. Se essas moléculas em vibração encontram um tímpano no seu caminho, a interação é certeira. O suave ruflar de moléculas na fina membrana do ouvido externo, aliado ao movimento de minúsculos ossos e à posterior conversão dos estímulos mecânicos em impulsos elétricos, é o suficiente para que surja mentalmente a sensação de escuta.

Se aquele que escuta conhece a língua utilizada por quem fala e consegue produzir sentidos a partir do texto proferido, surge um processo de criação mental a partir da escuta, análogo ao da leitura. Quem escuta constitui, a partir das suas experiências anteriores, um quadro de imagens, identidades e paisagens evocadas pelas palavras, pelo timbre, pela entonação, pelas emoções de quem fala.

Como contadores de histórias, evocamos sensações mentais similares às sensações produzidas pelos cinco sentidos. Quando atentos a esse processo, podemos conhecer melhor o modo como a criação mental traduz-se em palavras para, por meio da arte de contar, evocarmos sensações nos ouvintes das histórias que contarmos.

6 Entre sentidos, sensações, voz, sons e gestos: mais três vivências

Os cinco sentidos na palavra falada

Uma das vivências propostas numa das aulas do curso *Contando com arte* consistia em narrar na primeira pessoa do singular um relato com fatos e situações fictícias envolvendo sensações mentais correspondentes aos sentidos de visão, audição, olfato, paladar e tato (desencadeados por meio da palavra).

Depois de dividir a turma em duplas ou trios, cada aluno narrava para o seu grupo, sempre na primeira pessoa do singular, uma experiência ficcional, descrevendo fatos e objetos com o uso de elementos dos cinco sentidos em um dos seguintes ambientes a ser escolhido por cada um dos alunos: uma avenida movimentada de uma cidade grande; um local próximo ao polo norte; um deserto; uma praia; uma montanha; um circo; um parque. Os relatos deviam ser narrados como se, de fato, tivessem ocorrido e estivessem sendo lembrados, de modo que o narrador explorasse todos os sentidos nas descrições.

Sugerimos que o leitor tente fazer o mesmo, tomando como modelo a descrição de uma casa no campo apresentada no início do capítulo anterior. Esta vivência tem por objetivo o aprimoramento da técnica da construção de sensações referentes aos cinco diferentes sentidos, para que ela se faça presente nas histórias posteriormente selecionadas para contar.

A voz

Na aula seguinte era sugerida, dentro da mesma proposta de deflagração das sensações, uma vivência que consistia em narrar uma história com os olhos fechados. Depois de assistirmos ao documentário *Janela da alma* (2001), de João Jardim e Walter Carvalho, no qual são apresentados vários pontos de vista sobre o sentido da visão, cada aluno relatava, de olhos fechados, suas percepções acerca do filme, incluindo experiências vividas e rememoradas a partir do documentário. Os demais, enquanto escutavam, também permaneciam com os olhos fechados.

Contar histórias suprimindo o sentido da visão favorece o desenvolvimento da percepção auditiva (em geral, de olhos fechados costumamos dar mais atenção à escuta da nossa própria voz e da voz do outro) e da elaboração de descrições que não privilegiem apenas os aspectos visuais da história.

Em seguida, o grupo era dividido em duplas, e em cada dupla uma pessoa narrava para a outra uma história escolhida de suas lembranças ou de seu repertório de leituras, ambas permanecendo de olhos fechados durante a narração.

Contar sem palavras

Na aula subsequente era lançado o desafio de narrar livros sem texto por meio do uso de mímica e da produção de sons em uma língua abstrata e sem palavras, respeitando desse modo o caráter não textual do livro.

Em um primeiro instante eu contava, com uso do livro, a história *Noite de cão*, de Graça Lima (1996). Ao passar as páginas eu lançava mão de expressões corporais, gestuais e faciais enquanto emitia, por meio da voz, a sonoplastia e os diálogos entre as personagens sem o uso de palavras existentes, mas com recursos de entonação, ritmo e expressão como nos diálogos do desenho-animado suíço *Pingu*, em que as personagens falam em uma língua abstrata, o *pinguinês*, criada pelo seu dublador original Carlo Bonomi (MORAES; VALADARES; AMORIM, 2013).

Depois de narrar o livro, eu distribuía para os participantes, divididos em grupos, exemplares de outros livros sem texto. Cada grupo criaria um modo de contar a história com o livro, explorando sons emitidos com a boca e expressões faciais, gestuais e corporais; sem, no entanto, emitir palavras conhecidas. Por fim, cada grupo contaria sua história para a turma.

Essas duas últimas vivências tinham por objetivo convidar o contador de histórias a perceber a relevância de se utilizar de modo consciente tanto o olhar como a fala no ato de contar histórias.

A ausência desses elementos nas vivências propostas favorece reflexões acerca da importância de não deixar de lado esses potentes instrumentos e de atentar para o poder de decisão que o contador de histórias detém ao usar tais recursos, ora com intensidade e ênfase, ora com parcimônia e equilíbrio.

7 Assumindo os sentimentos

Como observamos anteriormente, o que percebemos por meio dos sentidos evoca sensações. Consideramos, em nossa abordagem, que essas sensações, por sua vez, podem desembocar em sentimentos.

Como já dissemos, é comum percebermos os sentimentos como simples consequência do mundo exterior. Consequentemente, classificamos alguns deles como opostos entre si. Por esse motivo, tendemos a nos afastar daquilo que aparentemente nos traz sentimentos que consideramos desagradáveis e a nos aproximar do que, a nosso ver, nos traz sentimentos confortáveis. Por fim, nos aprisionamos de tal forma a essa prática, que passamos a consagrar certos rótulos utilizados para classificar objetos e pessoas. A partir desses rótulos transitamos em um mundo preconcebido e *preconceituado*. Exteriorizamos a responsabilidade pelos nossos sentimentos tal como um agricultor inexperiente e ranzinza reclama incessantemente do sol, do vento, da terra, da chuva, do mercado, das pessoas e não olha para si mesmo como alguém também responsável pela lavoura.

Propomos, a partir das reflexões sugeridas abaixo, uma mudança de foco, de modo que busquemos assumir a responsabilidade pelo que sentimos, para, desse modo, entrarmos e sairmos nos sentimentos que se farão presentes no narrador e nas personagens da nossa história.

Imagine que no lugar em que você está chegue, neste momento, uma pessoa por quem você sente repulsa. Em uma situação como essa é costume dizermos: "fulano me incomoda, me irrita ou me chateia". Dizemos que quem incomoda, irrita ou chateia é sempre o outro.

Agora, imagine-se numa sala com outras cem pessoas, todas um tanto diferentes entre si: de países distintos, com aptidões e idades variadas, cada qual com os seus interesses e com a sua própria maneira de ver o mundo. Nesse local chega essa mesma pessoa por quem você sente repulsa. Você pode até dizer: "essa pessoa me incomoda", mas olhando à sua volta com atenção é possível que você tenha uma estranha surpresa ao perceber que possivelmente nenhuma daquelas pessoas foi afetada pelo incômodo supostamente trazido por essa pessoa. Então você percebe que o foco da responsabilidade pelo seu sofrimento não deve estar apenas no outro (objeto) que supostamente o incomoda, mas também em você (sujeito). Literalmente, e com todo respeito, o problema também é seu.

Para assumirmos a responsabilidade pelos nossos sentimentos podemos reformular a frase dita anteriormente desta forma: "eu me incomodo, eu me irrito, eu me chateio com a presença de fulano". De maneira análoga "eu me felicito, eu me encanto, eu me alegro, eu me tranquilizo quando estou perto de tal pessoa, ou quando estou em determinado lugar ou em certas situações".

Delegar apenas aos outros, ou ao meio, a responsabilidade pelos nossos sentimentos é fugirmos de nós mesmos. Corremos o risco de criar relacionamentos doentios quando acreditamos que a causa da nossa felicidade ou da nossa infelicidade é exclusivamente o outro. Passamos a viver na dependência da presença ou da ausência de certas pessoas ou de determinadas condições, e a ter cada vez mais dificuldade de conviver com os nossos próprios sentimentos.

Assumir a responsabilidade pelos próprios sentimentos é um primeiro passo para identificarmos e modificarmos as nossas reações às críticas.

Tomar as rédeas dos nossos sentimentos também nos possibilita interagir com as histórias, de modo a compreendermos a arte de contar como uma possibilidade de compartilhar experiências por meio do ato de fala como entrega e do ato do olhar como encontro, permitindo-nos o risco de nos transformarmos nesse processo de ir ao encontro do outro, de estar com o outro.

Permitimo-nos, desse modo, ir ao encontro dos nossos sentimentos transitando com maior fluidez entre narrador e personagens nos diversos momentos da história, como veremos a seguir.

8 Entrar e sair dos sentimentos: entrar e sair das personagens

O presente

Contam que um sábio caminhava ao lado de seus alunos que observavam atentamente as suas palavras e os seus atos.

No caminho, um homem aproximou-se do sábio e começou a ofendê-lo sem motivo. O sábio apenas olhou para o homem, sem se deixar alterar, deixando-o falar até se cansar. Depois de muito esbravejar, aquele homem prosseguiu o seu caminho, ainda nervoso e alterado.

Os alunos se entreolharam por um tempo, até que um deles tomou coragem e perguntou ao sábio:

– Grande Mestre, o senhor nos ensina a combater as mentiras e a defender a verdade. Esse homem disse apenas inverdades. Por que o senhor não o desmentiu?

O sábio perguntou:

– Quando alguém lhe dá um presente, mas você se recusa a recebê-lo, de quem fica sendo esse presente?

O aluno respondeu:

– Ora, de quem me deu o presente.

Com sua fala tranquila e serena o sábio completou:

– Pois aquele homem levou consigo tudo aquilo que tentou me dar e eu recusei receber.

Costumamos defender com unhas e dentes a nossa liberdade de expressão, a nossa liberdade de uso do corpo, a nossa liberdade de ir e vir, entre tantas outras liberdades, mas nos esquecemos de defender e de exercer a nossa liberdade de escolha de sentimentos.

Temos a liberdade de recusar os sentimentos que não nos convêm e de aceitar os que nos convêm. Sabemos inclusive como recusá-los, mas contraditoriamente recusamos com maior frequência os que nos são agradáveis e costumamos aceitar os que consideramos desagradáveis.

Quando estamos aborrecidos, tristes ou deprimidos e alguém nos chega feliz ou sereno, é possível dizermos: "não vem não, que hoje eu não estou legal", "estou naqueles dias", ou "não acordei bem". Uma criança sorri, um pássaro canta, o dia ensolarado nos traz uma brisa leve e recusamos o que nos é dado como presente, deixamos de viver e de receber o nosso presente.

Por outro lado, quando estamos tranquilos ou felizes parece ser muito mais difícil recusarmos uma agressividade a nós ofertada por meio de palavras rudes, preocupações ou tristezas. Notícias ou sentimentos desagradáveis, por exemplo, são logo aceitos, e com muita facilidade passamos de um estado de tranquilidade para um estado de tensão.

Mas por que essa variação de sentimentos geralmente acontece com maior facilidade em um sentido do que em outro?

Herdamos o hábito de ver a felicidade e alguns outros sentimentos agradáveis como ilusórios e passageiros, como se estivessem reservados a momentos raros; e a tristeza e outros tantos sentimentos considerados desagradáveis como permanentes e como a legítima expressão da dura realidade da vida.

É preciso, para início de conversa, colocarmos os sentimentos em um mesmo pacote. Ou tanto os sentimentos agradáveis como os desagradáveis são reais, ou ambos são ilusórios. Ou ambos são permanentes (não têm fim), ou ambos são passageiros (têm fim).

Se tentarmos provar a existência de um sentimento que nos afeta não conseguiremos. Isso acontece não apenas porque não é possível dizer que o sentimento existe, a não ser naquele que o sente, mas também porque a sua causa não está no objeto; ou seja, não adianta buscá-lo no "mundo exterior". Posso dizer que estou triste, e ninguém poderá provar o contrário. Também posso dizer que um determinado gênero musical me deixa nervoso; outra pessoa, no entanto, pode se sentir feliz ao escutar o mesmo tipo de música. Mas, se não podemos provar a existência de um sentimento, tampouco podemos dizer que ele não existe, pois seus efeitos e consequências em alguns casos são bastante palpáveis e claramente perceptíveis.

Essa noção é importantíssima quando nos propomos a contar histórias. Diferentemente do teatro, em que o ator chega a assumir uma personagem e expressar os sentimentos por ela vividos ao longo de toda a peça teatral, ao contar histórias passeamos por personagens diferentes que comumente vivem de maneiras diversas e expressam sentimentos muito distintos. Enquanto contamos histórias, podemos expressar, por exemplo, em um intervalo de um minuto: o sentimento de ódio de uma bruxa, o sentimento de amor da mãe, o sentimento de justiça do rei e o sentimento de inconformismo do narrador.

As histórias nos ajudam, portanto, a compreender que os sentimentos se assemelham às nuvens no céu; por mais que alguns permaneçam por mais tempo, sempre passam. A prática de narrar favorece o reconhecimento do caráter efêmero dos sentimentos. Ao contar histórias vivenciamos a sua alternância e verificamos que não precisamos nos apegar a eles. É por isso, dentre outros motivos, que muitas vezes contar histórias pode fazer com que nos sintamos muito bem. Veja como isso se dá.

É comum vivenciarmos determinados estados de sentimento por longo período de tempo por nos havermos apegado a eles por alguma razão. Por exemplo, podemos vivenciar por horas, dias, semanas ou meses um profundo sentimento de tristeza. No entanto, ao iniciarmos uma história ou uma sessão de contos, o trânsito de sentimentos ocorre tão rapidamente que, para experimentarmos cada um dos novos sentimentos das personagens da história, temos que largar o sentimento anterior. E assim fazemos até que, por fim, nos damos conta de que aquele sentimento de tristeza que nos acompanhava por horas, por dias ou mesmo por semanas ou meses ficou para trás em algum momento enquanto a história era contada. Do mesmo modo como os sentimentos das personagens são passageiros, os nossos também são.

9 Eliminar vícios gestuais e de fala para contar melhor

Se por um lado sempre estamos prontos ou mais preparados do que estávamos ontem, por outro lado sempre estamos aquém do que podemos estar amanhã. Na escolha entre protelar indefinidamente e tentar a cada momento, sugiro a segunda opção no que diz respeito à narração. É praticando, com a devida atenção às técnicas e com o cuidado com a qualidade, que aperfeiçoamos na arte de narrar.

Mas para isso é necessário estarmos atentos a nós mesmos, aos nossos hábitos arraigados e mesmo aos nossos vícios. A abordagem e as vivências sobre percepção apresentadas no início do livro chamam a nossa atenção para a importância de que o contador de histórias esteja atento ao ambiente, aos ouvintes, mas também à sua própria fala, aos seus próprios gestos, a si mesmo.

Alguns vícios de fala e de gestos podem comprometer o trabalho do contador de histórias. Quando vimos numa aula, palestra ou apresentação artística uma pessoa repetindo por vezes alguns termos como: "né", "então", "aí" ou ajeitando o cabelo ou o cinto, batendo palmas, ou mesmo caminhando para um lado e para o outro de maneira repetitiva, costumamos reparar e até mesmo contar a quantidade de vezes que determinada ação ou palavra se repete.

O primeiro passo para substituir os hábitos e vícios gestuais e de fala é identificá-los. Para isso pode ser necessário, além de estar atento a si mesmo enquanto narra, escutar-se ou assistir a si mesmo contando histórias (por meio de recursos de gravação), ou atentar para a crítica sincera de alguém que assistiu à narração. Para tanto, é fundamental sabermos lidar com a crítica.

Em nossa concepção não dividimos as críticas em construtivas ou destrutivas como tradicionalmente se faz, pois isso nos levaria a considerar externo a nós, o que faz com que uma crítica seja construtiva ou destrutiva. Optamos por considerá-las apenas críticas. A opção por destruir ou construir a si mesmo a partir de palavras recebidas está em cada um de nós. Vale lembrar ainda que, no âmbito da arte, crítica não é o oposto de elogio como o senso comum aprega. Uma crítica artística pode apresentar aspectos que consideramos não apenas negativos, mas também positivos com relação a uma obra. Ademais, quando recebemos uma crítica temos o direito de concordar ou não com o que foi dito, assim como de silenciar, sem necessidade de respostas ou justificativas.

Detectado o vício ou o hábito a ser modificado, podemos, por meio da prática de escutar e observar a si mesmo e de assumir os próprios sentimentos, atentar para os momentos em que repetimos uma fala ou um movimento que não nos agrada, e suprimi-los. Precisamos, para isso, promover uma gradativa mudança de hábito, o que requer esforço.

Um hábito arraigado pode ser comparado aos profundos sulcos dos pneus dos carros riscados numa estrada de chão após sucessivas chuvas. Ao tentarmos passar fora dos sulcos num dia de chuva, o pneu resvala e o carro retorna ao caminho cavado. Para criarmos um novo caminho, como um novo hábito, precisamos insistir em direcionar os pneus para fora dos sulcos, uma vez, outra vez, e mais outra, até que dois novos sulcos sejam criados e aos poucos se tornem profundos a ponto de substituírem os sulcos anteriores. Ou seja, para abandonarmos o antigo caminho, como um velho hábito, precisamos nos esforçar por vezes seguidas até construirmos um novo caminho, ou um novo hábito, que substituirá o anterior.

Por esta razão, ao trabalharmos no sentido de extirpar determinado hábito ou vício de fala ou de gesto, precisamos estar atentos ao que colocaremos no seu lugar.

Para isso, após detectarmos o vício, passamos a atentar para cada momento em que o repetirmos ao contar histórias. É o que costumo chamar de *consciência do depois*, quando só percebemos que fizemos logo após termos feito.

Aos poucos conseguimos perceber o vício de fala ou de gesto no exato instante em que ele está sendo feito. É o que chamo de *consciência do durante*, quando já conseguimos perceber que estamos fazendo no exato momento em que fazemos.

Por fim, e com muito esforço, detectamos o hábito ou vício antes de efetivá-lo. É a chamada *consciência do antes*. Percebemos que vamos fazer antes de fazer. Assim conscientes, podemos substituir um vício de fala, por exemplo, pelo silêncio ou por outra palavra. Podemos trocar um vício de gesto por uma gesticulação relevante ou pela ausência de gesto.

Quando, por exemplo, um contador apresenta a repetição de um termo ou palavra, como "aí" ou "então", a *consciência do antes* poderá favorecer a sua substituição por outros termos ou palavras, ou pela sua ausência. Escutar as palavras saboreando-as, atentando para a própria voz e para a construção frasal, é essencial para que a produção textual se dê de modo consciente.

Refiro-me à adaptação livre, forma de contar que defendo no livro *Contar histórias: a arte de brincar com as palavras* (MORAES, 2012), no qual proponho técnicas de memorização e criatividade a partir da apresentação de histórias com a construção do texto oral no momento em que se conta, com o devido respeito à espinha dorsal do conto e com referência ao fato de que se trata de uma adaptação livre, em que a escolha das palavras foi feita pelo contador na hora de contar.

Exercícios que favoreçam a criação de novas frases, usando outras palavras para dizer aquilo que se deseja, permitem o desenvolvimento dessa consciência desde que o contador de histórias esteja atento à sua própria fala, desde que escute a sua própria voz.

No caso do vício gestual, presenciei movimentos repetitivos em cursos e em apresentações, como o movimento de ajeitar o cinto, as pulseiras, o cabelo, de bater as palmas das mãos ou de esfregá-las, ou mesmo o movimento de caminhada para um lado e para o outro, indo e voltando para os mesmos lugares, o que costumo chamar de *movimento do leão na jaula* ou de *passo da valsa*, por assemelhar-se aos movimentos repetitivos de alguns animais quando aprisionados ou parecer um passo de dança: dois pra lá, dois pra cá, pois em alguns casos até mesmo o número de passos se repete.

Nesses casos, detectei em quem repete gestos e movimentos uma carência ou mesmo ausência de consciência de ritmo. A necessidade de bater palmas, de se ajeitar, de andar repetidamente para um lado e para o outro parece indicar a necessidade de um movimento deflagrador da fala, de algo que dê ao narrador o tempo necessário para que ele pense no que deverá falar a seguir. Como se a consciência do ritmo da fala e das pausas necessárias para que a próxima palavra seja dita fosse deixada de lado.

Um dos modos de resolver a questão é substituir essas repetições por movimentos distintos daqueles que se repetem: ao ter a *consciência do antes*, sabendo que eu iria nesse exato momento ajeitar os cabelos, bater palmas ou retornar novamente para o mesmo lugar em que eu estive várias vezes durante a história, eu posso realizar movimentos distintos, como realizar um movimento diferente com as mãos, manter as mãos paradas ou talvez seguir outro caminho no espaço cênico.

Portanto, detectados os movimentos repetitivos, cabe ao contador tomar consciência do próprio corpo, desenvolvendo exercícios gestuais e de movimento no espaço cênico. Lembrando que o espaço cênico para o contador de histórias pode variar desde um espaço com pouco mais de um metro quadrado em uma sala de aula ou biblioteca a um amplo palco de um teatro.

Sentir e perceber o próprio corpo, como nas vivências apresentadas no início deste livro, e contar com sons e gestos, como proposto em outra vivência por nós apresentada, também podem ajudar. Outra vivência proposta no curso, que auxilia na tomada de consciência corporal, consiste em contar histórias sem o uso de gestos.

De mãos atadas
Em duplas ou grupos de três (ou em roda com todo o grupo), cada um, sentado, conta uma história sem o uso dos braços, das mãos e de movimentos corporais, utilizando apenas a expressão facial (do pescoço para cima) e a voz.

Tudo é dito por meio da expressão facial e da voz. A ausência dos gestos e do movimento corporal favorece a consciência de sua importância para que se aprenda a dosar os movimentos, tornando-os nem excessivos nem ausentes.

10 Ser ou estar, eis a questão: a transitoriedade das personagens

A conhecida frase de Shakespeare "to be or not to be, that is the question" tem como principal tradução para o português: "ser ou não ser, eis a questão". Mas, se o verbo "to be" pode ser: "estar" ou "ser"; ou pode estar: "ser" ou "estar", a frase de Shakespeare poderia ser (ou estar): "estar ou não estar, eis a questão". A frase "Cogito, ergo sum", de Descartes, por sua vez, poderia estar sob a seguinte tradução: "Penso, logo estou".

Do latim herdamos o verbo "esse", também traduzido para o português como ser ou estar. Não pretendo apontar os aspectos etimológicos ou a origem dessa diferenciação em dois verbos na língua portuguesa e na língua espanhola. Sugiro apenas que busquemos, em nós mesmos, desde quando deixamos de estar e passamos a ser. E de que modo o distanciamento dos estados pelos quais transitamos e a fixação no ser também pode nos limitar no trânsito entre os estados das personagens.

O uso do verbo "ser" nos traz uma sensação de permanência em uma determinada condição: "sou e sempre serei", "é assim e pronto, acabou!" O estar, por sua vez, nos sugere a brevidade de um instante com possibilidade de que mudanças de estado venham a ocorrer: "estou aqui"; "está muito bom". É mais fácil mudar o nosso estado do que mudar o nosso ser.

Se o "ser" define a permanência de uma identidade, a posse alarga essa identidade para coisas, pessoas e sentimentos, podendo ser materializada textualmente, tanto por meio do uso dos pronomes possessivos: "minha caneta"; como pelo uso da preposição "de": "copo do menino".

Os possessivos e a preposição "de", ao ocultarem o verbo "ser", expressam em si a permanência da identidade e de posse do que é possuído: "a caneta é minha" e "o copo é do menino". Melhor seria: "a caneta está comigo" ou "o copo está com o menino", pois um dia não estarão mais; isto é uma certeza.

Considerando a transitoriedade da vida e do mundo, "estar com" parece soar mais plausível do que "ser de". Mas foi assim que aprendemos. Quando recebemos as nossas primeiras identidades começamos a acumular a nossa crença na individualidade por meio das palavras.

Todas as identidades nascem sob o signo da mudança; ou seja, não permanecerão para sempre. Ao substituirmos o "ser" pelo "estar" estamos nos permitindo conceber como inevitáveis as mudanças de estado que permeiam a vida. E, consequentemente, estaremos mais aptos a transitar pelas mudanças de estado de uma história contada. Quanto mais transitarmos por cada estar (e não pelo ser), mais facilmente alternaremos entre os diversos estados das várias personagens da história. O contrário também é verdadeiro. Quanto maior for a facilidade com que passarmos de um estado a outro ao contarmos uma história, mas facilmente lidaremos com os nossos diversos estados na vida.

A simples troca de verbo favorece a percepção da possibilidade de mudança, assim como da constituição das personagens como processo, e não como identidade formada e única (uma das diferenças entre a arte de contar histórias e o teatro), pois ao contar uma história podemos transitar entre diversas emoções e personalidades presentes no narrador e em várias personagens em intervalos curtos. Há trechos com duração de cerca de um minuto em que estabeleço, na história, diálogos entre quatro personagens com inclusão da fala do narrador em meio às suas emoções e estados. Em outras palavras, em questão de minutos posso estar: narrador, pirata, príncipe, mãe, sábio; perplexo, cruel, justo, compassivo, reflexivo.

Estar, e não ser, eis a questão.

11 Reinventar significados para usar objetos na hora de contar

Quando olho para uma garrafa PET sei que se trata de uma garrafa PET. Posso até dizer: "é uma garrafa PET". No entanto, sabemos hoje dos tantos usos possibilitados pelo reaproveitamento desse objeto. Já vi tantas coisas em que se transformou uma garrafa PET, que perdi a conta: luminárias, árvores de natal, colunas para uma casa, animais, vassoura, instrumentos etc. Em cada um dos casos, a garrafa pode ter ou não a sua forma mais ou menos alterada para que se transforme em outro objeto.

Mas se nesse caso a transformação chega a ser feita externamente, de modo a moldar a garrafa em novo objeto com outro formato, em outras situações ela pode se dar internamente, na mente do sujeito que vê a garrafa PET como algo diferente de uma garrafa PET, mesmo sem ter sido alterada a sua forma.

No curso, eu costumava aludir ao filme *Os deuses devem estar loucos* (1980), dirigido por Jamie Uys, em que uma garrafa de vidro de Coca-Cola® vazia é lançada de um avião e encontrada por Xi, membro de uma família do povo bosquímano, que vive no Deserto de Kalahari, na África, isolado das outras civilizações. Os aldeões a veem como um presente dos deuses com utilidades que por eles devem ser descobertas: instrumento auxiliar no feitio de artefatos, alimentos e arte, ferramenta para bater, socar, pilar, amassar e esticar couro, instrumento para fazer música, e até mesmo como recipiente para armazenar líquido. Os sentimentos resultantes dos conflitos pelo uso da garrafa em meio aos diversos sentidos atribuídos pelos membros daquele povo faz com que o objeto passe a ser visto como uma "coisa maligna", da qual devem se livrar. A história prossegue na saga de Xi para lançar o objeto para fora do planeta.

As crianças são verdadeiras mestras em atribuir diferentes sentidos aos objetos. Uma caneta pode ser um boneco ou um foguete. Uma caneta com uma régua encaixada na aba da tampa pode ser um avião. Ossos podem ser bois e ovelhas. Latas são tambores e casas. Folhas e terra são comidinha. O zíper pode ser uma máquina de costura. Tais reinvenções de significado, como aquelas propostas pelo povo bosquímano, em geral são criadas pelos sujeitos sem alterações externas no formato do objeto.

Quando nos deparamos com algum objeto que não conhecemos, temos a liberdade de atribuir novos estados àquilo que não sabemos o que é, como a família do povo bosquímano fez, ou como a criança faz com frequência no sentido de reinventar um mundo que ela ainda está por conhecer. Tanto os membros da família de bosquímanos do filme como as crianças questionam, desse modo, as atribuições fixas, os "seres" estabelecidos pela nossa sociedade, ao reinventarem os seus usos e significados, ao estabelecerem novos estados em detrimento do ser.

Para o contador de histórias, transitar pelos possíveis estados das coisas brincando de reinventar objetos possibilita o uso de objetos dos mais diversos para contar histórias.

Lembro-me de ter assistido uma apresentação da história *Os três porquinhos* pela contadora de histórias Bia Bedran na TV, em que os porquinhos eram três tomadas redondas (conhecidas como tomadas focinho de porco), enquanto o lobo era um fole utilizado para soprar brasa em lareiras.

Também tive a oportunidade de assistir o conto *O bicho mais poderoso do mundo* (BOCCA, 2019) ser contado pelo contador de histórias Zé Bocca, no qual o gato era um puá, os macacos bolinhas que pulavam em movimento de malabares, o leão era uma bucha natural, o rinoceronte um carretel-cone de máquina de costura *overlock*, o elefante um borrifador de água, o homem um martelo, a mulher uma colher de pau e o rato uma bucha de palha de aço seca.

Também assisti a história *O sapo e a cobra*, contada por Kelly Orasi, em que o sapo era uma bola com relevos (vendida em *petshops*) e a cobra era uma corda de pular que tinha os seus dois cabos unidos em uma das mãos, assemelhando-se, de certa forma, aos dentes da cobra.

Também tive a oportunidade de assistir uma adaptação da fábula *A rã e o boi* (PESSÔA, 2014), feita por Augusto Pessôa com o uso de duas bolas de soprar (bexigas) verdes, representando as duas rãs da história. Uma delas se enchendo para ficar do tamanho do boi, e a outra, vazia, a aconselhando. A bexiga que representava a rã que cresce era soprada até explodir.

A versatilidade do uso de objetos para se contar histórias será tanto maior quanto mais o contador de histórias se permitir fugir do óbvio, do lugar comum. O contador de histórias espanhol Rodorín, por exemplo, no documentário *Histórias* (2006), dirigido por Paulo Siqueira com produção de Benita Prieto e roteiro de Márcio Allemand, do qual tivemos a felicidade de participar, narra a história *La ratita presumida* (PAREÑO, 2002), de sua própria autoria, transformando objetos por meio da construção verbal e da narração. Em sua oficina, ao apresentar a gaveta de costura utilizada como casa na narração do conto, ele a coloca de pé (com o puxador para cima), apresenta as paredes (laterais da gaveta), o telhado (lado externo da gaveta, onde fica o puxador) e a chaminé (puxador), por onde a casa solta fumaça. Na história, narrada nos extras do DVD, são usados diversos outros objetos, como um cachorro de madeira com boca de castanhola, um gato que é um guizo de encaixar na mão, e a rata que é um sino pequenino.

O ouvinte, diante dessas construções criativas criadas por esses grandes mestres da narração, não apenas visualiza as personagens ou os ambientes da história construídos, como participa ativamente dessa criação, permitindo-se sair do lugar comum. Considero riquíssimas construções como as propostas por Bia Bedran, Zé Bocca, Kelly Orasi, Augusto Pessôa e Rodorín, pois levam a imaginação do ouvinte para além do óbvio.

Por outro lado, não é raro encontrarmos objetos óbvios como casas de bonecas de plástico ou mesmo bonecas de marcas famosas, entre outros objetos óbvios, que não fogem do lugar comum e que não permitem que a fabulação leve a imaginação mais longe.

Reinventar usos e sentidos

Com o intuito de convidar o contador de histórias a criar, a fugir do óbvio e do esperado, a estabelecer estados a partir de um ser, de um objeto, eu apresentava uma vivência em grupo que favorecia a compreensão de que os objetos e seres podem se transformar em tudo aquilo que quisermos.

Para realizá-la, eu dispunha no centro da roda um objeto, como um chapéu, um lençol, uma bengala ou uma garrafa PET pequena. Depois, ao som de uma música (costumava utilizar nessa vivência os chorinhos *Brejeiro* de Ernesto Nazareth ou *Atraente* de Chiquinha Gonzaga), todos os participantes deveriam reinventar, um de cada vez, usos diferentes para o objeto, de modo a convertê-lo em algo que ele não era.

Nessa dinâmica, a garrafa podia ser utilizada como qualquer coisa que não fosse uma garrafa. Assim, surgiram, sem que eu sugerisse, uma luneta, um bebê, um boneco, um taco de beisebol, um rolo de esticar massa, um telefone, uma corneta, um machado, entre vários outros estados de algo que na brincadeira deixava de ser uma garrafa.

Da bengala, por exemplo, que não podia ser utilizada como bengala, surgiram um saxofone, uma vara de pescar, uma enxada, uma vassoura, uma espingarda, um taco de golfe, uma luneta, uma guitarra, entre outros novos usos criados.

O chapéu virou volante, avião, leque, pasta, *frisbee*, roda, pandeiro; e o lençol se tornou paraquedas, corda de pular, rede, laço de rodeio, cachecol, vestido, bola de futebol, em meio a outras tantas reinvenções.

Parte 2
Preparar voz e corpo

Sabemos que no aprimoramento de qualquer arte ou esporte é imprescindível estudar, preparar-se, exercitar-se e treinar. Aprimora-se um trabalho artístico ou esportivo por meio de estudos, preparação, exercícios e treino, muito treino, que na arte chamamos de ensaio.

Um projeto, por mais original que seja, requer esforço e dedicação para a sua realização. Encontramos em Nachmanovitch (1993) referências sobre a distância que há entre o que sentimos e o que somos capazes de expressar. A ponte que comumente liga estas duas realidades é a técnica, como meio de se chegar a um fim: a tão almejada quanto fugidia perfeição. Esbarramos então numa prática que nos lembra mais um castigo do que um prazer. É como se tivéssemos que passar por um suplício para sermos eficientes em determinada coisa. Metaforicamente, é aquela refeição insossa que por vezes comemos para termos direito à sobremesa. Este modo de se exercitar pode gerar traumas e bloqueios que atravancam o exercício da criatividade, quando não conduzem à desistência.

É importante que o exercício seja feito com prazer, como sendo o que há de mais importante no momento em que está sendo realizado. Deve estar livre e constituir-se numa prática agradável, de forma que a criatividade, aos poucos, flua, mesmo nos níveis técnicos iniciais, ressalta Nachmanovitch (1993).

Uma das práticas para o aprimoramento da criatividade para contar histórias é a de criar verbalmente as suas próprias histórias, sem medo de que elas não tenham um fim. Se nos prendemos a um fim determinado (quando estamos improvisando), às vezes evitamos caminhos inesperados que nos levariam a possibilidades inusitadas. Possibilidades estas que, se impedidas naquele exato momento, serão abafadas, e talvez não mais venham à tona.

Contamos histórias, fatos ou casos em vários momentos da nossa vida. Quando encontramos um amigo que não vimos há tempos, quando revivemos fatos passados, ou mesmo pelo telefone narrando algum acontecimento recente. Em alguns desses momentos podemos colocar em prática as técnicas vocais.

Em nossa abordagem optamos por um modo de narração em que o narrador permanece sendo quem ele é no cotidiano, fazendo uso das técnicas, mas sendo ele mesmo. Quero dizer, não criamos uma personagem, e a partir dela contamos histórias. Uma das melhores críticas recebidas por mim foi de um amigo dramaturgo e diretor teatral que disse que eu parecia estar lendo o que eu contava. A partir de sua fala percebi que eu mudava muito a escolha das palavras na hora de contar, a ponto de usar construções frasais muito distantes das minhas construções cotidianas. Aos poucos trabalhei essa naturalidade da minha fala com o uso de técnicas vocais, gestuais e de movimento.

É claro que, ao contar uma história para um amigo que acabei de reencontrar, não vou criar um espaço cênico como o que eu criaria em uma biblioteca ou em um teatro. Por outro lado, posso definir meu espaço de atuação mesmo quando sentado numa cadeira de um bar ou da mesa de jantar, moderando os movimentos e a intensidade da voz para a ocasião. Mas, seja onde for, o espaço de atuação poderá ser delimitado e estabelecido.

Considero que uma história está pronta quando ela pode ser contada tanto em um palco com um auditório para mais de uma centena de pessoas como numa cadeira de uma lanchonete diante de uma única pessoa ou mesmo numa fila de banco, com as devidas adequações de movimentos e voz que cada espaço requer.

Uma história está pronta para ser contada, inclusive com o uso de acessórios ou recursos, no momento em que ela pode ser bem contada mesmo sem o uso desses acessórios e recursos, no momento em que ela pode ser bem contada apenas com a voz e o corpo.

1 Errar é humano

É importante brincarmos com os exercícios a ponto de errar e verificarmos que o erro, na verdade, é apenas mais uma possibilidade entre tantas. Errar (2009), segundo o *Dicionário Houaiss*, é também "andar sem rumo certo, vaguear, percorrer". Errar, portanto, não é apenas o oposto de acertar. É também seguir adiante, tentar, permitir-se novos caminhos, reconhecer-se nômade. Pense nos bardos errantes das mais diversas culturas, narradores errantes que vagavam por caminhos diversos levando as suas histórias, a sua palavra, para os quatro cantos do mundo. Quantos acertos não encontraram em seu errar?

A prática é esse tentar, esse errar que nos proporciona a tranquilidade necessária ao processo criativo. Na tranquilidade desse tentar e desse errar temos contato com mensagens trazidas do nosso inconsciente e verificamos, com o tempo, que podemos prolongar momentos de criatividade.

A partir de determinado momento, a técnica não será mais necessária. Então já não nos preocuparemos com ela, pois será, sem que percebamos, parte da nossa vida (como o corriqueiro ato de andar), e a improvisação fluirá de forma ainda mais leve.

É importante lembrarmos que, no âmbito da arte, o termo improvisação é resultante de um alto grau de técnica internalizado e dominado para que se possa criar, de modo a libertar-se da preocupação do iniciante com o "como fazer". Improvisar requer estudos profundos, exercício contínuo, aperfeiçoamento e prática constantes para que se possa deixar de lado a preocupação com a técnica e fazer, simplesmente por dominar e saber como fazer. Difere, portanto, do modo como se concebe o termo improvisação no meio pedagógico, em que improvisar é visto como fazer sem planejar, fazer "de qualquer jeito". No meio artístico, improvisar é fazer com tanto aprimoramento da técnica, que a própria preocupação com a técnica é deixada de lado. Em geral, são nos momentos de improvisação que o artista exerce sua criatividade de modo mais espontâneo.

Nesse processo corremos o risco de alimentar tanto o perfeccionismo como a protelação e o adiamento na execução de um trabalho ou projeto, o que, quando não provoca a desistência, pode fazer com que nos sintamos bloqueados.

É comum projetarmos o motivo desse bloqueio a algum agente externo, seja ele uma pessoa, um grupo ou uma situação. Como afirma Nachmanovitch (1993, p. 128), "Podemos passar a vida inteira procurando-o fora de nós e culpando tudo e todos pelas frustrações que bloqueiam nossa voz criativa [...]. É o mesmo que procurar fogo com o fósforo aceso".

Um dos agentes internos, equivocadamente considerado externo, que bloqueia o fluxo da improvisação, é a crítica, fruto do medo de estarmos nos expondo ao ridículo, do medo do que os outros podem pensar, ou mesmo do medo de errar.

Quanto ao medo do erro, se pensarmos que errar não é senão tentar, podemos trabalhar essas tentativas, esse caráter errante, como possibilidades de acerto extremamente bem-vindas nos exercícios para desenvolvimento das técnicas. O erro como tentativa também nos possibilita acertos na medida em que podemos encontrar novos caminhos a cada vez que algo não sai como esperávamos.

Os vícios gestuais e de fala, por exemplo, abordados anteriormente neste livro, podem ser eliminados por meio das tentativas. O exercício da criatividade também pode permitir que uma frase iniciada de um modo não desejado possa ser transformada por meio da improvisação, da criatividade. Improvisar é errar, é tentar; por isso, nos traz possibilidades de acertos, de ajustes, de afinação da nossa prática.

2 O modo como se diz: andamento e intensidade da voz

Segundo Novelly (1994), não podemos negar que "o que se diz" é tão importante quanto "o como se diz". Uma mesma frase dita com diferentes ritmos, entoações e expressões pode conduzir a sentidos distintos. Sabemos que uma mãe, por exemplo, ao brigar com o filho para que ele não coma mais nenhum biscoito antes da refeição, pode dizer de modo severo: "come mais biscoito, come". Essa mesma frase dita com carinho em outro momento pela mesma mãe traduziria o ato de oferecer um biscoito ao menino, mas quando dita como repreensão, o modo "como se diz" traz um sentido contrário a "o que se diz". Ela, no fundo, está dizendo algo assim: "se você comer mais algum biscoito vai se arrepender".

O "como se fala" está relacionado, de um lado, aos aspectos a serem explorados na musicalidade da voz falada, sejam eles: andamento, intensidade, altura, qualidade de voz (equivalente ao timbre), silêncio, projeção, clareza, expressividade e entoação; de outro lado, a elementos inerentes ao texto proferido, tais como: métrica, rimas e figuras de efeito sonoro (assonâncias, aliterações, repetições de palavras e onomatopeias).

Iniciaremos tratando dos aspectos musicais da palavra falada para, em seguida, tratarmos dos elementos sonoros do texto a ser proferido. Sim, a voz falada é musical. E sendo musical, envolve ritmo e melodia. Destacamos os seguintes elementos musicais presentes na voz: andamento, intensidade, altura, qualidade de voz, silêncio, projeção, clareza, expressividade e entoação. Vejamos como cada um deles se caracteriza, começando com o andamento e a intensidade.

Andamento

Na voz, o andamento pode ser definido como o grau de velocidade que se imprime à fala. Em uma mesma história podemos dizer uma frase de modo mais rápido e outra de modo mais lento. A variação de andamento altera a dinâmica da história. Narrar toda uma história em um mesmo andamento pode torná-la enfadonha ou cansativa. Geralmente, preza-se por conduzir o andamento da fala de modo que ele contribua com a expressão que se quer aplicar a cada momento da história. Por exemplo, se um menino corre ou tem pressa numa história, a narrativa desse trecho pode se dar num andamento mais rápido. Se ele chega e descansa, a narrativa pode se tornar mais lenta. Em alguns momentos podemos propor algo semelhante ao recurso musical do *staccato*, em que cada sílaba (ou conjunto de sílabas) pode ser dita pausadamente, como ao dizer a última palavra da frase a seguir: "ele entrou na ponta dos pés, va-ga-ro-sa-mente".

Para que os alunos do curso compreendessem a importância do andamento eu lia em andamento lento, muito lento, o conto *O abridor de latas*, publicado por Millôr Fernandes em seu livro *Trinta anos de mim mesmo* (FERNANDES, 2006).

A partir desse exemplo prosseguíamos refletindo sobre a inviabilidade de contar outras histórias, que não esta e alguma outra que a ela se assemelhe, em câmera lenta. Cabe ressaltar que após o título o autor destaca, antes de iniciar a narrativa de seu conto: "Pela primeira vez no Brasil um conto escrito inteiramente em câmera lenta" (FERNANDES, 2006, p. 16), a que eu acrescentava: "e contado inteiramente em câmera lenta".

A partir dessa reflexão conversávamos sobre a importância de se definir um andamento médio para a história a ser contada (o andamento predominante do conto), para que, baseando-nos no andamento definido, fosse possível transitar entre momentos de maior rapidez e de lentidão. A escolha levará em consideração aspectos da própria história. Um conto de sabedoria, como "O presente", apresentado anteriormente, tende a ter um andamento médio mais lento, enquanto um conto acumulativo que envolva animais correndo com medo do fim do mundo, como *Pimenta no cocuruto*, de Ana Maria Machado (2003), por exemplo, em que um animal conta a outro que o mundo vai acabar e que todos precisam correr, fugir, tende a ter um andamento médio mais rápido. Isso não quer dizer que a história será contada totalmente nesse andamento, mas que ele predominará permeado por aumentos e diminuições de velocidade.

Outros fatores que interferem na definição do andamento médio de uma história são a faixa etária predominante (dentre outras características do grupo), o ambiente da apresentação, a quantidade de ouvintes, a qualidade do equipamento de som utilizado, a existência de eco. É importante que se crie uma dinâmica de andamento confortável e agradável para cada momento, de modo a favorecer o envolvimento do público e a compreensão da história.

Intensidade

Quando falamos de intensidade estamos nos referindo à força com que a palavra é emitida. O que no senso comum costumamos chamar de volume mais alto e volume mais baixo, nos estudos musicais é chamado de intensidade mais forte e intensidade mais fraca. A dinâmica musical na voz também é obtida por meio das diferentes intensidades com que se fala um trecho ou outro.

Importante destacar que falar com intensidade forte numa história não é gritar. Mesmo o grito de uma personagem em uma história pode ser falado com intensidade forte. Mas para que uma fala com intensidade forte se destaque numa história é importante que seja definida a intensidade média dessa história. Se o contador inicia narrando com intensidade forte, quando precisar apresentar um trecho com intensidade ainda mais forte precisará gritar, o que não é aconselhável, a não ser que se trate de uma escolha como recurso viável para imprimir certo sentido desejado em dado momento da história.

Por outro lado, falar com intensidade fraca em uma história não é sussurrar. Mesmo quando o narrador ou uma personagem sussurra em uma história, o contador de histórias não sussurra. Ele fala com intensidade baixa e em tom de sussurro, para que todos possam escutar.

Para caracterizar um sussurro na história, além de amaciar a voz, o contador pode colocar, por exemplo, a mão direita aberta com os dedos unidos encostada em uma das faces, como quem vai contar um segredo no ouvido de alguém, tomando o cuidado de deixar a mão afastada da boca o suficiente para que o ouvinte veja a articulação da boca, de modo a favorecer a compreensão do que se diz, sobretudo porque a intensidade será mais fraca na expressão do sussurro.

3 Mais de andamento e intensidade: duas vivências

Após apresentar esses dois primeiros elementos, eu deixava claro que intensidade é diferente de andamento, e dizia que em geral confundimos tais elementos por aliarmos o falar rápido ao falar com intensidade forte.

E exemplificava sugerindo as vivências a seguir:

Palmas
– Batam palmas devagar e fraco.
– Agora parem.
– Batam palmas rápido e forte.
– Parem.

– Batam palmas devagar e forte.
– Parem.
– Batam palmas rápido e fraco.

Geralmente eu repetia alguns dos comandos em ordens distintas e verificávamos que no início era muito mais difícil bater palmas segundo os comandos quando as combinações eram devagar e forte, e rápido e fraco.

Controle

Em seguida, passávamos à vivência do controle remoto, dividindo o grupo em duplas, sendo um participante o contador de histórias e o outro tinha em mãos um controle remoto para controlar e alterar a história contada.

Dispostos um de frente para o outro, aquele que seria o controlador da história segurava, com a sua mão direita, a mão direita do que seria o contador da história. O contador iniciava a sua história e o controlador poderia mudar a velocidade deslocando a mão do colega para o seu lado direito para aumentar o andamento, e para o seu lado esquerdo para diminuir o andamento. Desse modo, o contador, à mercê do controlador, variava o andamento da sua história, voltando, por vezes, para o andamento médio quando a mão era retornada ao meio.

Em seguida, alterávamos a intensidade. Ainda dispostos um de frente para o outro, o controlador dessa vez ergueria e abaixaria a mão do colega (a partir de um posicionamento central), e o contador de histórias aumentaria e diminuiria a intensidade da sua história, falando mais forte e mais fraco, e voltando para a intensidade média cada vez que o controle voltasse para o centro.

O último nível da vivência consistia em utilizar os dois controles ao mesmo tempo, o de andamento (para a direita mais rápido e para a esquerda mais lento), junto com o de intensidade (para cima mais forte e para baixo mais fraco).

Depois, os componentes da dupla trocavam de função e repetiam as três variações dessa vivência para que, por fim, pudéssemos conversar sobre a experiência.

4 Altura, qualidade de voz e mais uma vivência

Altura

Como dito acima, é comum chamarmos de altura o que, em música, é chamado de intensidade. Altura, na dinâmica musical, diz respeito à frequência do som, que pode variar do mais agudo (frequência mais alta) ao mais grave (frequência mais baixa). Os sons altos são agudos, enquanto os baixos são graves.

O registro de voz do contador vai definir as alturas que ele poderá usar, de um lado, para criar a entoação (da qual trataremos mais adiante) ao variar a altura na melodia das falas do narrador e das personagens; de outro, para definir a voz de cada personagem, de modo a criar: vozes mais agudas para, por exemplo, uma formiga, um rato ou uma criança; vozes graves para um elefante, um boi ou para o trovão; e vozes médias para uma cabra, um cachorro ou um adulto, por exemplo.

Qualidade de voz

Chamamos de timbre aquilo que diferencia dois sons emitidos em uma mesma frequência. Por exemplo, o som emitido ao tocarmos o dó central de um piano será diferente do som emitido ao tocarmos a mesma nota num saxofone, na mesma altura e frequência. O piano e o saxofone possuem timbres diferentes, do mesmo modo como o violão, a flauta, o violino e a gaita.

No que diz respeito à voz humana, ela, em si, possui timbre próprio, que a diferencia do timbre da sanfona, do violoncelo ou do atabaque. Por essa razão, embora algumas pessoas usem correntemente o termo timbre ao se referirem a vozes de diferentes pessoas, devemos utilizar o termo *qualidade de voz* para nomear não apenas a voz de cada pessoa, mas também as diferentes vozes que cada falante é capaz de produzir por meio da configuração da laringe e das modulações dos articuladores vocais no aparelho fonador.

Essa mudança nos permite alterar não apenas a altura de uma voz para a criação da qualidade de voz de uma personagem, mas lançar mão de outros recursos para criar mais qualidades de voz, e desse modo possuir um repertório de vozes para as nossas histórias.

Experimente, por exemplo, usando a mesma altura de voz que você comumente usa, falar como se estivesse com uma batata na boca, com os dentes sempre separados e como se a boca estivesse cheia.

Depois, fale com os dentes praticamente cerrados, pouco afastados, de modo a quase não abrir o maxilar inferior. Veja como muda.

Em seguida, prenda a respiração nasal sem usar as mãos e fale de modo que o som saia somente pela boca.

Por fim, fale soltando o máximo de som pelo nariz, de modo a produzir um som o mais anasalado possível.

Tente ler um texto repetindo essas configurações propostas e perceba com atenção como se dão os movimentos da língua, da mandíbula e dos músculos da boca, bem como a variação de distância entre os dentes superiores e inferiores e o caminho percorrido pelo ar para sair do corpo. Atente para o modo como a qualidade de voz muda ainda mais quando alteramos essas pequenas modulações. Procure experimentar mais vozes com as diferentes modulações dos articuladores vocais criando, desse modo, vozes diferentes para diferentes personagens.

Crie, por exemplo, uma voz para a bruxa, outra para o João Bobo, outra para o rei, outra para uma criança, outra para um elefante, outra para o Sol, outra para a Lua. Procure exercitar com frequência para aperfeiçoar-se na criação de qualidades de voz.

Lembre-se de que a criação de qualidades de voz é apenas um dos elementos na construção da voz de uma personagem. Cada personagem possui um registro de altura vocal próprio, bem como características psicológicas e comportamentais específicas. Se uma história possui, por exemplo, mais de uma personagem criança, eu posso dar às duas personagens uma mesma qualidade de voz e, para diferenciá-las entre si, posso dotar uma delas com uma voz mais aguda do que a voz da outra. Também posso estar atento a certas características de cada uma. Se uma das crianças é mais meiga e frágil e a outra mais ousada e valente, posso imprimir esses elementos psicológicos e comportamentais na expressão (como veremos adiante), imprimindo caráter à voz da personagem. Conto uma história em que três bruxas dialogam. Na história, para uma mesma qualidade de voz expresso em alturas diferentes as vozes de cada uma delas quando estão dialogando.

Também costumo usar uma mesma qualidade de voz para algumas personagens que possuem semelhanças de caráter. Utilizo qualidades vocais similares, por exemplo, para caracterizar: o compadre corcunda rico, da história de minha autoria *Os compadres corcundas*, publicada no livro *História de quem conta histórias* (MORAES, 2010) pela Cortez Editora; a onça da história *O passeio dos olhos pelo mangue* (MORAES, 2015), publicada por mim pela Editora Imeph; e a cobra-grande da história *Um presente de amor*, que publiquei no livro *Amores indígenas* (GOMES; RODRIGUES; MORAES, 2014), pela Editora Elementar.

Diferencio a qualidade de voz de cada personagem por características sutis, dando, por exemplo, ao compadre corcunda rico um leve sotaque de homem do interior, à onça um quase-rugido em algumas falas, e à cobra-grande uma valorização dos sons das aliterações em "s", remetendo ao som produzido por algumas cobras e serpentes (trataremos das aliterações como figuras sonoras mais adiante).

Ao criar vozes de animais, procuro relacionar os sons do animal aos sons da fala, fazendo com que na fala de uma cabra, ovelha, carneiro ou cabrito sejam pronunciadas com trêmulo, por exemplo, as sílabas fortes das palavras, sobretudo as iniciadas com as consoantes "m" e "b" (de méééé e de bééééé), de modo a aproximar sua fala do som emitido pelo animal, como em: "meeeeeu beeeelo cordeeeeeiro".

Certa ocasião, ao utilizar esse recurso na narração de um conto acumulativo com vários animais, uma criança que assistia a narração comentou impressionada com a sua avó: "vó, ele sabe falar a língua de todos os bichos!"

Vivência

A turma era dividida em duplas ou trios. Em seguida, eu propunha que cada grupo conversasse sobre o clima ou sobre qualquer outro assunto trivial. No entanto, antes de iniciar a conversa, cada componente do grupo escolheria um personagem da relação abaixo para representar (evitávamos que um mesmo grupo tivesse personagens repetidos), elaborando qualidade de voz e estabelecendo altura, e variando velocidade e intensidade de acordo com a dinâmica da conversa: rei, bruxa, lobo mau, sábio, criança, padre, cabra, cobra, cachorro, gato, leão, tartaruga, coelho, Sol, vento, montanha, árvore, nuvem.

Após determinado tempo de conversa, era dado um sinal para que fosse feito um rodízio de personagens, de modo que os elementos de cada grupo trocassem de personagem entre si.

Ao fim da vivência, os alunos eram convidados a descrever psicologicamente as personagens representadas e a compartilhar as escolhas feitas na criação da qualidade de voz das personagens.

5 O silêncio

Na notação musical, o silêncio corresponde a uma pausa na emissão de sons; portanto, refere-se a um valor de nota substituído pela ausência da duração do som a ele correspondente.

Na fala, o silêncio está entre palavras, entre enunciados, entre trechos da história; por isso constitui também a fala, a nosso ver. Além de sua presença facilitar o entendimento de palavras, enunciados e trechos da história ao separar esses elementos no tempo, permitindo que o ouvinte produza sentidos ao entender melhor as palavras, os enunciados e os trechos da história, o silêncio é também passível de produção de sentido em si; quero dizer, a partir do silêncio também produzimos sentido. Por meio do silêncio o ouvinte pode escutar o que não é dito por palavras. Em outras palavras, o silêncio fala e deve ser utilizado pelo contador de histórias como importante recurso para a produção de sentido.

Portanto, é essencial utilizar-se do silêncio em momentos diversos das nossas histórias para que se dê tempo ao ouvinte de escutar o que sugerimos (e que não precisamos falar). Em uma determinada história eu posso simplesmente dizer como narrador: "ele escutou aquele grito que vinha do alto da montanha", e então levar a mão direita em concha atrás da orelha, deslocar os olhos para a direita, como quem atenta para o grito que escuta, abrir levemente a boca (com assombro), e em silêncio sugerir que o ouvinte escute o grito que não será emitido.

Também já iniciei histórias levando a mão em concha atrás da orelha direita deslocando os olhos para o lado direito e para cima sem dizer nada. Depois de um tempo eu sugeria: "escuta...", e todos permaneciam atentos. Então eu começava a história apontando para o lugar de onde supostamente vinha algum som: "ele vivia lá no mato, no meio da mata fechada", e prosseguia no universo ficcional instaurado pelo silêncio. O silêncio na contação de histórias constitui-se, grande parte das vezes, numa pausa da fala para que a expressão facial, os gestos, os movimentos e mesmo a imobilidade "falem" por si.

Por outro lado, o silêncio, além de ser intervalo e pausa da fala para que se escute o não dito, é também substrato onde plantamos nossas palavras, como a folha em branco é substrato das palavras escritas e como a tela é substrato de uma pintura.

Sabemos que a paisagem sonora, como vimos no início deste livro, não é ideal e absolutamente silenciosa, mas ela será o suposto silêncio do lugar onde contaremos a nossa história. Mesmo que pássaros cantem, carros passem, portas sejam abertas e fechadas ao longe, é fundamental que se estabeleça um relativo silêncio no ambiente em que se conta histórias. Para isso, muitas vezes precisamos lançar mão de recursos.

Em ambientes em que o silêncio não tenha sido estabelecido antes do início da atuação do contador de histórias pode ser necessário ao contador propor ou buscar o silêncio necessário. Alguns contadores costumam utilizar fórmulas como dizer "abacaxi" e os ouvintes completam "xi-xi", ou dizerem "pam-pararam-pam" e os ouvintes complementam "pam-pam". Eu não costumo usar essas fórmulas.

Aprendi em uma oficina com o contador de histórias japonês Yoshihira Hioki que, quando falamos baixo, as pessoas falam baixo, quando falamos alto as pessoas falam alto, quando falamos rápido as pessoas falam rápido, quando falamos devagar as pessoas falam devagar. Por isso opto por começar usando o silêncio ou uma fala lenta e com intensidade fraca ao buscar o silêncio para contar.

Em alguns casos, apenas coloco a mão em concha atrás da orelha, deslocando os olhos para a direita, como descrito anteriormente, depois olho para os ouvintes e falo lentamente e em intensidade fraca, levando discretamente o dedo indicador próximo à boca em um gesto que também sugere silêncio: "ela está chegando", e volto a mão em concha ao ouvido, com a expressão anterior, depois me dirijo aos ouvintes e completo "a história... ela está quase chegando, escuta, shhhhhh!", e assim continuo até que o silêncio se instaure totalmente, ou o máximo possível, e só então inicio a história.

Em dada ocasião, fui "colocado" para contar histórias sem caixa de som num ginásio poliesportivo repleto de adolescentes (quase 200 alunos do

Ensino Médio), com todos falando numa intensidade muito alta que se amplificava com o eco do local. Mesmo tendo definido o espaço onde eu faria a minha apresentação, a maioria dos adolescentes continuava conversando alto e não dava a mínima atenção à minha presença, pois já estavam no local há um tempo fazendo outras atividades (vale destacar que um ginásio não é um espaço destinado a apresentações de histórias, mas ao movimento corporal e à prática de esportes, o que, na nossa cultura, raramente é feito em silêncio). Como eu não tinha um microfone e não seria ouvido mesmo se gritasse, optei por chamar a atenção da seguinte forma: ergui o meu chapéu o máximo possível com o braço direito, olhando fixamente para ele. Os adolescentes, aos poucos, fizeram silêncio como a querer entender o que eu estava vendo naquele chapéu. Depois que o silêncio se instaurou por completo, soltei o chapéu e acompanhei a sua queda com os olhos e a cabeça, sob o olhar atento de todos. Em seguida, apanhei lentamente o chapéu no chão, ainda em silêncio, ajeitei-o na minha cabeça, e iniciei a história.

Em outra situação similar, também num ginásio repleto de adolescentes, usei outra estratégia para instaurar o silêncio. Chamei com voz lenta e em intensidade fraca os que estavam perto de mim, dizendo: "quem está me escutando, bata palmas uma vez", e bati palmas uma vez, em intensidade fraca. Alguns outros adolescentes, escutando as palmas, olharam para mim. Em seguida eu disse com maior intensidade, mas ainda em andamento lento: "quem está me escutando, bata palmas duas vezes", e batemos palmas duas vezes; dessa vez a intensidade das palmas e a adesão dos alunos foi ainda maior. A partir de então, eu aumentei gradativamente a intensidade da fala e das palmas, mantendo a velocidade da fala para favorecer a compreensão. Cada vez mais adolescentes davam atenção e batiam palmas, ajudando-me, desse modo, a chamar a atenção dos demais. Por volta das seis ou sete palmas, quando percebi que todo o ginásio estava atento a mim e que todos haviam batido palmas juntos, eu disse com intensidade forte, para que todos escutassem: "quem está me escutando, preste atenção na história que vou contar", e iniciei: "Há muito tempo..."

6 Projeção

Tomando o mesmo exemplo anterior, na ocasião em que contei histórias num ginásio sem acústica adequada e sem caixa de som precisei projetar a minha voz de modo a tornar as minhas histórias audíveis e compreensíveis para todos.

A intensidade média precisou ser maior do que seria se eu contasse as mesmas histórias para trinta daqueles adolescentes numa biblioteca, por exemplo.

A velocidade média, por sua vez, tanto pela quantidade de ouvintes como pelo eco do local, foi reduzida para favorecer a compreensão do que era dito.

Para lançar mão de uma intensidade média mais forte, precisei projetar a minha voz. Para isso, utilizei o chamado apoio diafragmático, que consiste no controle do músculo diafragma, localizado entre o abdômen e o tórax, para reduzir a velocidade de expiração e com isso direcionar melhor o ar em sua passagem pelas cordas vocais, tornando mais confortável a fala em intensidade mais forte.

A prática do apoio diafragmático requer uma revisão no modo de respirar. "A respiração, decisiva na construção da voz, é dominada por hábitos inconscientes e necessita, na maioria das vezes, ser repensada e reaprendida", afirma Branco (2010, p. 2).

Pulmões mais cheios permitem uma expiração mais longa e consequentemente a fala de frases ou trechos maiores. Portanto, expandir a musculatura abdominal ao inspirar permite que os órgãos, ao se deslocarem para frente aumentando a barriga, liberem espaço para que o diafragma desça e aumente a caixa torácica. Os músculos intercostais concomitantemente suspendem as costelas de modo a aumentar a dimensão do tórax. Esse é, em resumo, o primeiro passo de um dos modos de realizar o apoio.

A liberação do ar se dará de modo controlado por meio do apoio do músculo diafragma. Para *segurar* o diafragma para baixo e impedir que ele suba, diminuindo bruscamente o tórax, *espremendo* os pulmões e soltando o ar rapidamente, é necessário deixar os músculos abdominais distendidos, impedindo que eles *empurrem* os órgãos da cavidade abdominal, o que consequentemente levaria o diafragma a elevar-se e a expulsar rapidamente o ar dos pulmões. Ao mesmo tempo, os músculos intercostais devem manter a circunferência do tórax.

Esse controle dos músculos abdominais e intercostais permite o apoio do diafragma. O controle da saída de ar dos pulmões, promovido pelo apoio diafragmático, permite uma condução equilibrada da coluna de ar pelas cordas vocais. Sem o apoio, é possível que ocorra uma liberação abrupta de ar em turbilhão que atinge as cordas vocais, abalando-as, comprometendo sua dinâmica, fragilizando a voz e causando rouquidão, dentre outros problemas vocais.

O apoio diafragmático é fundamental para que se projete a voz de maneira saudável. Um profissional fonoaudiólogo e um professor de canto podem orientar adequada e profissionalmente o contador de histórias para que ele aprenda a utilizar a voz, importante instrumento de seu trabalho.

Destacamos ainda que o apoio diafragmático por nós descrito não é o único possível. Branco (1999), em seu manual *Estudo da respiração em técnica vocal*, apresenta uma descrição detalhada e didática das possibilidades de movimentos respiratórios para o desenvolvimento de técnicas vocais.

Com o uso do apoio diafragmático estamos prontos para projetar a nossa voz, evitando maiores danos às nossas cordas vocais. No entanto, devemos considerar ainda, para uma projeção adequada da voz, o tamanho do ambiente e o distanciamento dos ouvintes mais afastados do contador. O direcionamento da voz deve levar em consideração os ouvintes da última fileira.

Num ambiente reservado, quando o contador de histórias se propõe a narrar sentado numa cadeira com os ouvintes sentados no chão, por exemplo, o rosto do contador poderá estar levemente inclinado para baixo. No entanto, em espaços maiores, quanto maior for a distância dos ouvintes mais afastados, mais o rosto do narrador deverá estar levemente direcionado para cima, como se a voz fosse um objeto lançado que descrevesse um suave movimento em formato de parábola, e não de linha reta. Para atingir os ouvintes mais distanciados falamos ligeiramente para cima, com uma sutil angulação do pescoço.

A voz e os movimentos deverão ser mais definidos em espaços maiores, como se o contador de histórias precisasse parecer maior em razão da distância aumentada. Uma intensidade mais forte da voz aliada à sua projeção e à sutil diminuição de velocidade da voz e a uma maior expressividade dos movimentos favorecerá a leitura visual e a escuta por parte dos ouvintes, sobretudo dos que estiverem mais afastados.

Outro ponto a estar atento para favorecer a compreensão da história em ambientes maiores e em ambientes reservados e acolhedores é a clareza, que trataremos na seção a seguir.

7 Clareza

O modo como articulamos para emitir os sons da fala pode dificultar ou favorecer a compreensão do que é falado. Para falar com clareza é importante compreender o modo como se dá a emissão de cada vogal e de cada consoante pelo aparelho fonador para articularmos bem os sons da fala.

Comparar a emissão de vogais diferentes ou dos diferentes sons de uma mesma vogal verificando a sutil mudança de posição do maxilar, dos lábios, dos dentes e da língua, e da passagem de ar, auxilia muito no desenvolvimento de uma fala mais clara.

Sugiro ainda a observação e a compreensão dos aspectos sutis da emissão dos sons de cada consoante, atentando para o caminho da corrente de ar e para os articuladores que obstaculizam a passagem do ar na emissão de cada consoante.

A diferenciação dos pares de consoantes surdas e sonoras ("s" e "z", "p" e "b", "f" e "v", "t" e "d", "x" e "j", "k" e "g") favorece a percepção de uma maior vibração das cordas vocais nas consoantes vozeadas (sonoras) e de uma menor vibração nas não vozeadas (surdas).

Se, por um lado, no momento dos exercícios o contador pode prezar pelo exagero nos movimentos, de modo a melhor compreender e utilizar o aparelho fonador, na hora de contar histórias ele optará por uma fala mais natural e atenta, consciente dos elementos a serem considerados para contar com clareza.

Eu costumava contar duas anedotas curtas para exemplificar de que modo uma boa articulação e um correto direcionamento de ar ajudam na clareza da fala.

Chama seu pai

A mãe pediu:
– Joãozinho, chama o seu pai pra dentro?
Joãozinho chegou da janela e gritou puxando o ar pra dentro:
– Ô paiê!! Paaai!!

Festa no céu

O urubu foi chamar o sapo pra festa no céu.
– Sapo, vai ter uma baita duma festança lá no céu.
O sapo, abrindo o bocão exclamou:
– OOOOObaaaaaá!!

– É, mas dizem que só vai entrar quem tem a boca pequenininha.

O sapo, fazendo boca miúda lamentou:

– Ih! Coitadim do jacaré!!!

Repetir trava-línguas também é ótimo para o aprimoramento da clareza na fala, sobretudo por esses gêneros da oratura promoverem jogos de sons por meio do uso de aliterações e assonâncias. Repetíamos vários deles nas nossas aulas, de modo a prezar pela clareza em sua pronúncia:

Iara amarra a arara rara, a rara arara de Araraquara.

O rato roeu a roupa do rei de Roma.

Três pratos de trigo integral para três tigres tristes.

Lá vem o velho Félix com o fole velho nas costas, tanto fede o velho Félix quanto o fole do velho fede.

Quem compra paca cara, cara paca pagará. Quem compra cara paca, pagará paca cara.

O tempo perguntou pro tempo quanto tempo o tempo tem. O tempo respondeu pro tempo que o tempo tem tanto tempo quanto tempo o tempo tem.

Outra brincadeira para o desenvolvimento da clareza na fala, chamada *Um limão, dois limões* era feita em roda. Uma primeira pessoa dizia "um limão". A pessoa posicionada à sua direita repetia o que acabara de escutar, acrescentando mais um limão à conta, dizendo de modo acumulativo: "um limão, dois limões". O seguinte dizia "um limão, dois limões, três limões", e assim sucessivamente, até que alguém se confundisse errando a conta ou dizendo milhões, milimões, limilhões, ou algo do tipo, e a contagem era reiniciada por quem errava.

8 Expressividade

A expressividade permite que uma palavra, um enunciado ou um trecho de texto seja colorido com uma emoção, um sentimento, uma característica ou uma sensação correspondente ao momento da história ou ao que é falado.

A expressão vincula-se à sensação e à emoção evocadas ao pronunciar. Ela se fará presente não apenas na voz, mas também na face, no olhar, nos movimentos e nos gestos, materializando-se por meio da palavra expressiva aliada às expressões facial e gestual.

Como vivência, os alunos eram convidados a repetir palavras faladas por mim, inserindo emoções, sentimentos, características ou sensações a elas correspondentes. Após falar a palavra de modo neutro, eu contava até três para que todos repetissem a palavra expressivamente, aliando a fala à expressão facial equivalente. Nessa vivência eram usadas palavras como: felicidade, tristeza, calma, ansiedade, fome, mar, onda, montanha, chuva, vento, frio, calor, amargo, doce, salgado, azedo, cheiroso, fedorento, liso, áspero, frio, quente, pequeno, grande, comprido, curto, largo, estreito, medo, susto, cuidado, paz, rindo, chorando, carinho, raiva, sono, abatimento, devagar, rápido, decidido etc.

A vivência seguinte saía do âmbito das palavras para alcançar o nível dos enunciados. Buscávamos uma notícia curta absurda, como "o retrovisor do seu foguete quebrou" ou "o meu rinoceronte fugiu". Eu então apresentava o modo como a notícia seria dada e depois de contar até três todos repetiam o enunciado com a expressão sugerida: feliz, calmo, triste, nervoso, chorando, rindo, com suspense, rápido, lento etc.

Nesse momento eu destacava que a expressividade precisava ser bem dosada, a ponto de não se restringir a cada palavra nem engessarem todo um enunciado. Eu trazia como exemplo o trecho: "Era um menino pequeno que morava numa casa enorme. Ao chegar a sua casa correndo, suado e com muita fome ele encontrou seu tio sentado, parado, tremendo de frio". Depois da leitura neutra, líamos colocando expressividade nas palavras e percebíamos que aqueles tantos contrastes não pareciam casar. Também tentávamos buscar uma emoção ou sensação que expressasse todo o trecho e víamos que desse modo algumas nuanças expressivas eram perdidas. A solução veio do estudo do trecho com alterações sutis de expressividade que duravam mais do que uma palavra e menos do que o trecho completo. Opostos como "pequeno" e "grande" em uma única frase exigiam, por exemplo, que a expressividade fosse inserida de modo mais discreto para que a transição entre "pequeno" e "grande" ocorresse mais suavemente. O mesmo com relação a "correndo", "sentado" e "parado" e a "suado", "com fome" e "tremendo de frio". As expressões se diluíam a ponto de não ficarem restritas a cada palavra nem abranger todo o trecho.

Por fim, os alunos eram orientados a escolher histórias curtas que seriam estudadas em casa, destacando-se trechos e palavras que mereciam maior expressividade. Na aula seguinte, as histórias eram lidas expressivamente para o grupo, para que destacássemos as nossas impressões e apontássemos sugestões coletivas.

9 Entoação

A entoação ou entonação diz respeito à inflexão e à modulação da fala, à melodia da fala que, indissociável do ritmo, permite variarmos a altura e a duração dos sons.

Para compreendermos a entoação eu apresentava o trecho do livro *O primo Basílio*, da autoria de Eça de Queiroz (1994), dito por Arnaldo Antunes na canção *Amor I love you*, interpretada por Marisa Monte (2000). O trecho é dito praticamente em *recto tono*, ou seja, em apenas uma nota sem variação de altura, como as missas eram proferidas no passado para que fosse evitada a expressão das emoções. A leitura de Arnaldo Antunes, no entanto, é repleta de expressividade e de emoções em razão do escritor e músico lançar mão de recursos como o andamento, a variação da duração dos sons, a valorização de pequenos silêncios entre determinadas palavras e frases, a expressão de certas palavras ditas com clareza e com destaque de sílabas tônicas (tépido), ou de fonemas que lembram o som do que é nomeado (ressequido). A ausência de variação de altura na leitura nos chama atenção para os efeitos da entoação.

A compreensão se estendia por meio da sugestão de uma conversa sem palavras, utilizando-se apenas entoação em uma língua inexistente, como a sugerida para a apresentação de livros sem texto, proposta anteriormente neste livro. Chamávamos essa vivência de "língua do pá". O grupo era dividido em duplas que conversariam assuntos dos mais diversos na "língua do pá", sem utilizarem palavras conhecidas, mas com uso de entoação e expressividade. As conversas eram muito animadas, de severas a descontraídas. E também favoreciam a compreensão da importância da entoação para contar histórias. O exercício da "língua do pá" também nos ajudava a perceber o quanto os elementos de pontuação presentes na modalidade escrita da língua dizem respeito a entoações específicas na modalidade falada.

Ao fim da aula eu exemplificava a relação entre entoação e pontuação por meio da história abaixo:

A festa dos asteriscos
Naquele dia estava acontecendo uma festa. A festa dos asteriscos.

Na bilheteria, um asterisco porteiro controlava a entrada. E, é claro, somente os asteriscos podiam participar daquela festa animada.

Um ponto de interrogação que passava por ali percebeu toda aquela agitação e aproximou-se pulando e olhando de soslaio, com a cabeça encurvada de tanta curiosidade. Ao chegar à bilheteria, perguntou:
– O que é isso?
– Uma festa – respondeu o asterisco porteiro.
– Uma festa? De quê?
– Uma festa de asteriscos.
– Posso entrar?
– Não, você não pode entrar.
– Por quê?
– Porque você não é um asterisco. Você é um ponto de interrogação.

Ele saiu ainda olhando de banda e quase por baixo, daquele jeito como só os pontos de interrogação sabem olhar. E perguntava para si mesmo: "mas por quê?", "será possível?", "como assim?", enquanto seguia interrogativamente destino.

Um tempo depois, passou por ali um ponto de exclamação pulando ereto e encantando-se ou assom-

brando-se com tudo o que via. Ao perceber os embalos da festa, seguiu empolgado até a bilheteria e exclamou animado:

— Uma festa! Que legal!
— É... Sim, uma festa. Está bem legal mesmo — *concordou o asterisco.*
— Nossa! Está cheia de asteriscos!
— Isso mesmo. Bem cheia.
— Quem me dera poder entrar!
— Lamento, mas você não pode entrar por ser ponto de exclamação, e não um asterisco.
— Não acredito!

Desolado, saiu pulando e lamentando com sua cara comprida de ponto de exclamação: "ah!", "que pena!", "puxa vida!", enquanto seguia exclamativo.

Não demorou muito, aproximou-se um ponto-final que, por onde passava, finalizava tudo com o seu jeito carrancudo, decidido e definitivo de ser. Chegou à bilheteria determinado a entrar e afirmou conclusivamente:

— Uma festa.
— Errr... Isso mesmo. É uma festa — *disse o asterisco.*
— Uma festa de asteriscos.
— É. De asteriscos. Uma festa de asteriscos.
— Vou entrar.
— Desculpe, mas o senhor não pode entrar. O senhor não é um asterisco. O senhor é um ponto-final.
— Eu sou um asterisco. De gel.

10 Ritmos e figuras sonoras

A palavra falada é repleta de musicalidade, como vimos anteriormente.

Como vimos, grafemas, pontuação e acentuação dão notação escrita a elementos musicais da fala. Mas o ritmo e a melodia também se fazem presentes em outros recursos da escrita.

O ritmo faz-se presente não apenas na escolha da intensidade e do andamento da fala e da aplicação do silêncio, como destacamos anteriormente. Ele também está na escrita quando escolhemos a sequência de palavras e construímos um texto, atentos ao seu ritmo, às suas rimas, aliterações e assonâncias, repetições de palavras e trechos, e onomatopeias. Elementos sonoros que embalam a escrita e dialogam com a arte de contar histórias, com a arte de narrar, com a arte da palavra falada.

Ritmos e *rhythmas*

O ritmo faz-se presente no compasso estabelecido pela escolha de palavras que promove a alternância entre sílabas fortes e sílabas fracas e entre sílabas com vogais breves e longas (GOLDSTEIN, 2005). Mas não apenas a métrica do poema e da prosa assegura o ritmo do texto, a presença de rimas estabelece uma repetição a partir da familiaridade entre os sons que também dá o ritmo.

Tanto é assim, que o título original do livro *Rimas*, de Luís de Camões (1595), era *Rhythmas*, algo bem próximo ao inglês *rhythm*, que pode ser traduzido como ritmo. A rima, portanto, também é ritmo no poema. Tanto a rima soante que apresenta semelhanças das vogais e das consoantes que sucedem a vogal tônica (cad*eira* / fac*eira*), como a rima toante que apresenta semelhanças das vogais que sucedem a vogal tônica (l*i*vr*o* / p*i*ng*o*).

A escolha de palavras pelo contador de histórias no processo de narração permite a construção de um compasso rítmico estabelecido pela métrica (no posicionamento que alterna e organiza sílabas tônicas, que aproxima sílabas átonas unindo-as em sílabas poéticas) e pelas rimas (toantes ou soantes), aliadas aos recursos vocais de velocidade e de andamento, e do uso do silêncio.

Além desses elementos rítmicos, destacamos como relevantes para a compreensão da musicalidade da palavra as figuras de efeito sonoro, como assonâncias, aliterações, repetições de palavras e onomatopeias.

Aliterações e assonâncias
Entre as figuras de efeito sonoro, destacam-se a aliteração e a assonância. A primeira definida como a repetição de sons consonantais, a segunda como repetição de sons vocálicos. No trava-língua "O rato roeu a roupa do rei de Roma" temos uma clara aliteração do som do "r" em início de palavra. Em "Iara amarra a arara rara, a rara arara de Araraquara"

encontramos assonância do som vocálico "a" e aliteração dos sons consonantais de "r" no início de palavra (ou "rr") e de "r" no meio de palavra.

A escolha de palavras que promovam assonâncias ou aliterações pelo contador de histórias permite que os sons da fala sejam utilizados musicalmente como um percussionista lança mão dos recursos instrumentais de uma percussão completa.

Repetição de palavras

A repetição de palavras, para além de se apresentar como recurso muito frequente em poemas, também é marca dos contos e dos contadores tradicionais. Isso se dá não apenas por possibilitar a reiteração tão útil à fala (que não nos permite os retornos correntes na escrita), mas por atuar como figura de efeito sonoro, permitindo em muitos casos a participação direta dos ouvintes, como na história *O castelo amarelo*, apresentada por Malba Tahan (1966) em seu *A arte de ler e contar histórias*, em que ocorre a repetição da palavra "amarelo".

Onomatopeia

Como figura de efeito sonoro, a onomatopeia é apresentada por Goldstein (2005, p. 54) como "[...] a figura em que o som da letra que se repete lembra o som do objeto nomeado". No poema *Balada do rei das sereias*, de Manuel Bandeira (1993), por exemplo, no trecho "Virareis espuma / Das ondas do mar!", a aliteração do som consonantal "s", também presente na palavra "espuma", assemelha-se ao som das espumas das ondas na areia da praia. Complementarmente, o som do "r" de "mar" após a vogal "a" lembra o som de uma onda do mar quebrando.

Portanto, a escolha dos sons de vogais e consoantes aliada ao ritmo pode nos conduzir a leituras que remetem a sons sugeridos.

Como exemplo, poderíamos destacar ainda o poema *Trem de ferro*, também de Manuel Bandeira (1993), no qual o som de uma Maria Fumaça em movimento se faz presente em vários versos ao longo de todo o poema, como em "Café com pão" e "Pouca gente", dentre outros.

No trava-língua "O rato roeu a roupa do rei de Roma" também encontramos a figura de efeito sonoro onomatopeia, pois o fonema da aliteração lembra o som do rato roendo.

No poema *Natal* de Vinícius de Moraes (2004), as falas dos bichos remetem, musicalmente, aos sons emitidos pelos mesmos animais. O galo, por exemplo, diz: "Cristo nasceu!", que pode ser lido como o canto de um galo. O boi pergunta "Aonde? Aonde?", remetendo a um mugido. O cordeiro diz: "Em Belém! Em Belém!", como num balido. Os pombos dizem: "Cruz credo! Cruz Credo!", como a arrulharem. Além do burro que emite seu zurro, do cavalo que em sua fala relincha, da arara que grita e do papagaio que fala no poema.

De modo análogo, sugerimos anteriormente, no capítulo em que tratamos da qualidade de voz, que o contador de histórias explore sons vocálicos e consonantais, bem como o ritmo da fala, para criar as vozes dos animais. A compreensão e o estudo das figuras de efeito sonoro favorecerão o aprimoramento da construção de vozes e o enriquecimento expressivo das histórias para que se conte com maestria.

11 Presente

Dissemos no início deste livro sobre a importância de que o contador de histórias escute a sua própria voz. Mais do que isso, é preciso que ele saboreie as palavras, degluta cada sílaba, escute os seus próprios silêncios, sinta o gosto de cada som, permita-se embalar pelo ritmo de sua fala, dialogue com as vozes criadas, dance ao movimento do seu corpo e da melodia de sua entoação, envolva-se na expressividade de sua narrativa, ilumine seu conto com a luz de seu olhar refletida nos olhares dos ouvintes.

Enfim, no momento de narrar, o contador deve fazer da sua história o seu presente e ofertá-los (tanto a sua história como o seu momento presente) ao ouvinte.

Eu, por minha vez, depois do tanto que falei saio de cena, deixando ao leitor, como presente, um silêncio "avassalador de narrativas" (GOULART, 2006).

Referências

BANDEIRA, M. *Estrela da vida inteira*: poesias reunidas. 25. ed. Rio de Janeiro: Nova Fronteira, 1993.

BOCCA, J. *O bicho mais poderoso do mundo*. Ilustração de Bruna Lubambo. Belo Horizonte: Aletria, 2019.

BRANCO, H.C. *Estudo da respiração em técnica vocal* [manual]. Londrina: Universidade Estadual de Londrina, 2010 [Disponível em http://www.uel.br/pos/musica/pages/arquivos/artigoRespiracao.pdf – Acesso em 17/07/2020].

CAMÕES, L. *Rhythmas*: divididas em cinco partes. Lisboa: Manoel de Lyra a custa de Estevão Lopez, 1595.

ERRAR. In: HOUAISS, A.; VILLAR, M.S. *Dicionário Houaiss da Língua Portuguesa*. Rio de Janeiro: Objetiva, 2009, p. 790.

FERNANDES, M. *Trinta anos de mim mesmo*. Rio de Janeiro: Desiderata, 2006.

GOLDSTEIN, N. *Versos, sons, ritmos*. 13. ed. São Paulo: Ática, 2005.

GOMES, L.; RODRIGUES, S.; MORAES, F. *Amores indígenas*. Ilustrações de Laerte Silvino. São Paulo: Elementar, 2014.

GOULART, W. In: HISTÓRIAS. Direção: Paulo Siqueira. Produção: Benita Prieto. Rio de Janeiro: Ópera Prima, 2006. 1 DVD (60 min), son., leg., color.

HISTÓRIAS. Direção: Paulo Siqueira. Produção: Benita Prieto. Rio de Janeiro: Ópera Prima, 2006. 1 DVD (60 min), son., leg., color.

JANELA da alma. Direção: João Jardim; Walter Carvalho. Produção: Tambellini Filmes e Produções Audiovisuais. Rio de Janeiro: Ravina Filmes, 2001. 1 DVD (73 min), son., leg., color.

LARROSA, J. Experiência e paixão. In: *Linguagem e educação depois de Babel*. Belo Horizonte: Autêntica, 2004, p. 151-165.

LARROSA, J. Pedagogia do estrangeiro. In: *Revista Fórum*, n. 70, jan./2009.

LIMA, G. *Noite de cão*. São Paulo: Paulinas, 1996.

MACHADO, A.M. *Pimenta no cocuruto*. Ilustração de Roberto Weigand. São Paulo: FTD, 2003.

MONTE, M. *Memórias, crônicas e declarações de amor* (textos, provas e desmentidos). Rio de Janeiro: Phonomotor Records/EMI, 2000, 1 CD.

MORAES, F. Os compadres corcundas. In: GOMES, L.; MORAES, F. (orgs.). *Histórias de quem conta histórias*. Ilustrações de Ciça Fittipaldi. São Paulo: Cortez, 2010.

MORAES, F. *Contar histórias*: a arte de brincar com as palavras. Petrópolis: Vozes, 2012.

MORAES, F. *O passeio dos olhos pelo mangue*. Ilustrações de Márcia Széliga. Fortaleza: Imeph, 2015.

MORAES, F.; VALADARES, E.; AMORIM, M.M. *Alfabetizar letrando na biblioteca escolar*. São Paulo: Cortez, 2013.

MORAES, V. *A arca de Noé*. Ilustração de Nelson Cruz. São Paulo: Companhia das Letrinhas, 2004.

NACHMANOVITCH, S. *Ser criativo*: o poder da improvisação na vida e na arte. São Paulo: Summus, 1993.

NOVELLY, M.C. *Jogos teatrais*: exercícios para grupos e salas de aula. Campinas: Papirus, 1994.

OS DEUSES devem estar loucos. Direção: Jamie Uys. Produção: Jamie Uys. África do Sul/Botswana: 20th Century Fox, 1980. 1 filme (109 min), son., leg., color.

PARREÑO, J.A.L. *La ratita presumida*. Ilustrações de Pablo Mestre. Pontevedra: Kalandraka, 2002.

PESSÔA, A. *A rã e o boi*. Rio de Janeiro: Zit, 2014.

QUEIROZ, E. *O primo Basílio*. São Paulo: FTD, 1994.

SCHAFER, M.R. *O ouvido pensante*. São Paulo: Unesp, 2003.

TAHAN, M. *A arte de ler e contar histórias*. Rio de Janeiro: Conquista, 1966.